아델의
강아지를 위한
소품 만들기

★ 뽀솜이 ★   ☆ 페리 ☆   ★ 아토 ★   ☆ 아라 ☆

아델의
강아지를 위한
소품 만들기

정현아 지음

팜파스

남편의 뜻에 따라 걱정과 우려로 망설이며 집에 들였던 작은 강아지 한 마리.
하지만 걱정과 달리 데려온 날부터 사랑스런 그 작은 생명에 눈을 뗄 수 없었습니다.
아기 때는 귀엽기만 하던 존재였는데 함께 시간을 보내면서
서로 알아가고 교감을 하는 존재가 되어 지금은 그 어떤 친구나 가족보다도
저와 가장 가까운 사이가 되었습니다.
무료한 삶에 즐거움을 주고 외로운 삶에 위안을 주며 함께 하는 반려견.
아이에게 주는 사랑보다 내가 받는 사랑이 훨씬 크다는 걸 깨닫게 되면서
이 작은 존재를 만난 것은 인생의 행운이고, 한없이 감사한 일이라는 생각이 듭니다.

이 책은 우리 반려견에게 필요한 것을 직접 만들어주겠다는 의지 하나로 시작하게 되었습니다.
정말 필요하면서 쉽게 만들 수 있는 아이템 위주로 담았습니다.
솜씨가 부족하면 어떤가요.
간단한 액세서리를 만들어 예쁘게 꾸며주기도 하고, 장난감을 만들어 함께 놀기도 하고,
푹신한 쿠션을 만들어 아이가 편히 사용하는 모습을 보면 행복감이 배가 될 거예요.
좀 더 좋은 원단과 부자재를 사용하고, 아이에게 맞게 조절해서 만들 수 있는 것도 장점입니다.

직접 만들어주고 사용하는 모습을 보면서 반려견과 함께하는 생활에
즐거움과 행복감이 더해지길 바랍니다.

책을 만들기까지 많은 도움을 주신 팜파스 이진아 실장님께 감사드립니다.
용기를 주었던 동생과 독려해준 남편, 책이 나오는 걸 못 보고 돌아가셨지만
만드는 것마다 예쁘다고 하시며 물심양면 도와주셨던 엄마에게도 고맙다고 전하고 싶습니다.
그리고 내 인생에 들어와 함께 해주고 있는, 나의 친구이자 나의 가족이자
나의 사랑인 뽀솜이와 책이 마무리된 기쁨을 나누고 싶습니다.

세상에 모든 반려동물들이 아기 때뿐만 아니라 늙고 병들고 마지막 순간을 맞이할 때까지,
가족의 극진한 보살핌과 사랑을 받을 수 있는 세상이 되기를 간절히 기도합니다.

아델 정현아

PROLOGUE | 4 |

Basic 01
도구와 재료

- 기본 도구 | 10 |
- 부재료 | 11 |
- 원단의 종류 | 12 |
- 원단 손질하기 | 13 |

Basic 02
이 책에서 사용된 바느질법

- 기본 바느질법 | 14 |
- 주요 만들기법 | 18 |

강아지를 위한 액세서리

깜찍하게
나비 리본 머리핀

| 30 |

파티를 위한 블링블링
고깔 머리핀

| 34 |

왕이 되는
왕관

| 40 |

토끼로 변신
토끼 머리띠

| 44 |

패셔니스타
털방울 빵모자

| 48 |

젠틀하게
둥근 보타이

| 54 |

패셔너블
삼각 스카프

| 60 |

격식 있게
칼라 넥타이

| 64 |

화려하게 파티
프릴 스카프

| 70 |

멋쟁이
크로스 목도리

| 76 |

따뜻하게
방울 케이프

| 82 |

강아지를 위한 장난감

씹는 재미가 있는 뼈다귀

| 90 |

입맛 도는 핫도그

| 94 |

굴려요 딸랑이 공

| 100 |

물어뜯는 치실 당근

| 104 |

삑삑이 쿠키친구

| 108 |

치실 다리 바스락 오징어
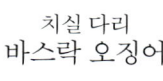

| 112 |

줄줄이 애벌레

| 116 |

아기의 노리개 젖꼭지

| 122 |

굴려 찾는 간식 공

| 126 |

노즈워크 코담요

| 132 |

강아지를 위한 소품

간편하게
미니 폽백

| 140 |

편안하게
꽃 목보호대

| 144 |

깔끔하게
곰 스누드

| 148 |

밥 먹을 때
식탁매트

| 152 |

베이직 사각
리본 방석

| 156 |

다용도
곰 블랭킷

| 162 |

꽥꽥 친구
오리 원형방석

| 168 |

러블리한
토끼 원형쿠션

| 174 |

포근하게
침낭 베드

| 180 |

실사이즈 도안 | 186 |

Basic 01
도구와 재료

기본 도구

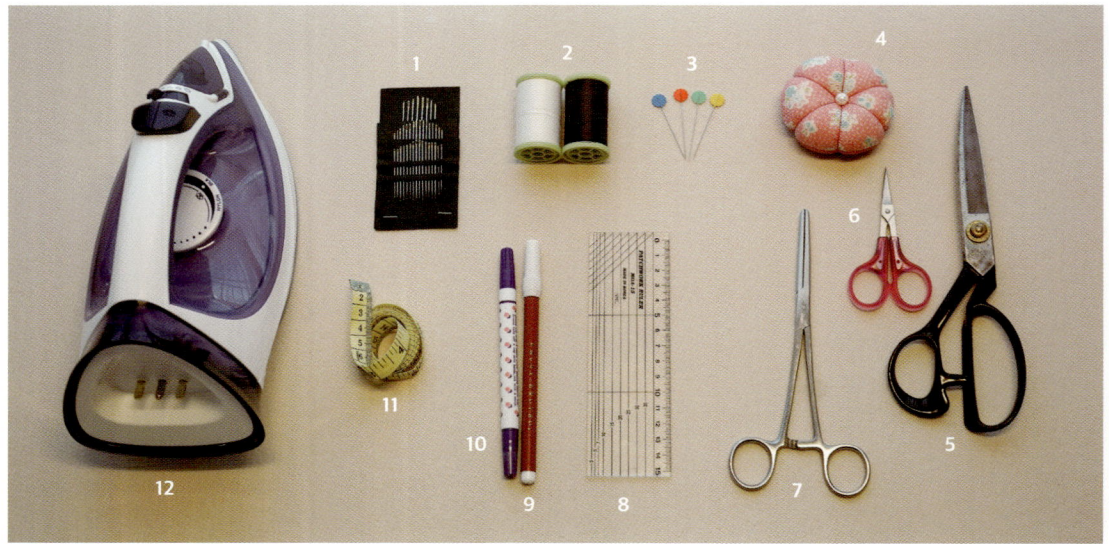

1 **바늘** 자신의 손에 맞는 길이와 두께의 바늘을 선택해 사용합니다.
2 **퀼팅실** 퀼팅실은 일반 재봉실보다 튼튼해서 잘 끊어지지 않으며 바느질할 때 꼬임이 덜합니다.
3 **시침핀** 원단을 재단하거나 바느질할 때 움직이지 않도록 고정 용도로 사용합니다.
4 **핀쿠션** 바느질 중 핀이나 바늘을 꽂아 놓는 용도로 사용합니다.
5 **재단가위** 원단을 재단할 때 사용합니다. 종이를 자르는 가위는 따로 사용해야 가위 날을 보호할 수 있습니다.
6 **미니가위** 실을 자르거나 시접에 가위집을 줄 때 사용합니다.
7 **겸자** 원단을 뒤집거나 작은 부분에 솜을 넣을 때 사용합니다.
8 **시접자** 사이즈별로 시접이 표시되어 있어 재단선을 그릴 때 용이합니다.
9 **수성펜** 도안 및 재단선을 그리는 펜으로 물이 닿으면 지워집니다.
10 **기화펜** 도안 및 재단선을 그리는 펜으로 일정시간 공기 중에 노출되면 지워집니다.

11 줄자 곡선의 사이즈를 잴 때 유용합니다. 반려견의 목둘레나 머리둘레를 잴 때 사용합니다.
12 다리미 완성된 작품을 다림질하고 작업 중 접착심을 붙이거나 시접 방향을 정리할 때 사용합니다.

부재료

1 방울솜 방울 모양으로 생긴 솜으로 뭉치지 않고 쉽게 꺼지지 않아 사용하기 좋습니다.
2 면 끈 조리개 파우치나 파이핑에 주로 사용하는데, 이 책에서는 끈 장난감을 만들 때 사용했습니다.
3 스냅단추 별도의 도구 없이 손바느질로 고정할 수 있는 여밈단추입니다.
4 가시도트단추 고무망치를 이용해 고정할 수 있는 금속재질의 단추입니다.
5 티단추 기구를 이용해 플라스틱 티단추를 고정해 사용합니다. 가볍고 튼튼하게 고정됩니다.
6 플라스틱 버클, 왈자고리 끈의 길이를 조절하고 끈을 고정할 때 사용합니다.
7 고무줄 굵기별로 탄성이 다르니 소품에 맞는 고무줄을 사용합니다.
8 퀼팅솜 원단처럼 생긴 솜으로 천과 함께 꿰매서 두께감을 줍니다. 2~4온스 두께 중 적당한 것을 사용합니다.
9 접착심 형태를 잡기위해 원단에 다리미 열을 이용해 붙여 사용합니다.
10 지퍼 소품에 맞는 길이의 일반 플라스틱 지퍼를 사용합니다.

원단의 종류

1 면 소품을 만들 때 30수를 기본으로 주로 20~40수 원단을 사용합니다. 숫자가 높아질수록 원단의 두께가 얇아집니다.

2 타월지 면 원단으로 부드럽고 신축성이 좋아 소품을 만들면 말랑거립니다. 유기농 원단을 선택할 수 있어 입에 넣는 장난감 만들 때 사용합니다.

3 폴라폴리스 폴리 원단의 두툼하고 따뜻한 느낌으로 겨울용 소품을 만들 때 사용합니다.

4 미끄럼 방지 원단에 작은 고무들이 붙어있어 미끄럼을 방지해줍니다. 쿠션의 바닥에 사용하면 미끄러운 곳에서도 사용하기 좋습니다.

5 덤블링 털 원단으로 단면과 양면이 있으며 겨울용 소품을 만들 때 사용합니다.

6 방수 원단 방수 처리가 되어 있어 쿠션의 속 통 커버같이 위생적으로 사용해야 하는 부분에 사용합니다.

7 펠트지 올 풀림이 없는 원단으로, 부분적으로 꾸밈을 줄 때 사용했습니다.

 **원단 손질하기**

선세탁   미지근한 물에 중성세제를 풀어 1~2시간 원단을 담가뒀다 손으로 2~3번 헹궈줍니다. 모양을 잡은 후 그늘에서 자연 건조합니다. 완전히 마르기 전에 다림질해서 준비합니다.

식서 방향   원단이 롤에서 풀리는 방향이 식서 방향으로, 원단을 당겨서 잘 늘어나지 않는 쪽입니다.

푸서 방향   원단의 폭 방향을 말하는 것으로 잘 늘어나는 방향입니다.

도안 및 재단   도안을 그린 후 필요한 만큼 여분의 시접을 두고 재단선을 그려 그 재단선대로 자릅니다.

골선   도안을 마주보게 놓고 연결해 그려줍니다.

가위집   바느질이 끝난 후 시접의 곡선부분을 V자 형태로 잘라냅니다. 가위집을 주면 뒤집었을 때 테두리 모양이 예쁘게 나옵니다.

Basic 02
이 책에서 사용된 바느질법

🐾 기본 바느질법

시침질
본 바느질을 하기 전에 듬성듬성하게 해서 원단을 고정하는 바느질입니다. 본 바느질을 마친 후 실을 제거합니다.

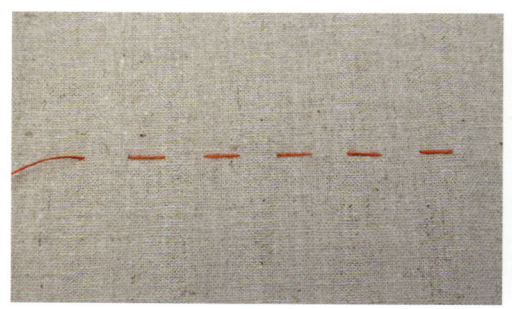

홈질(Running stitch)
가장 기본이 되는 바느질로 원단 두 장을 일정한 간격으로 꿰매줍니다.

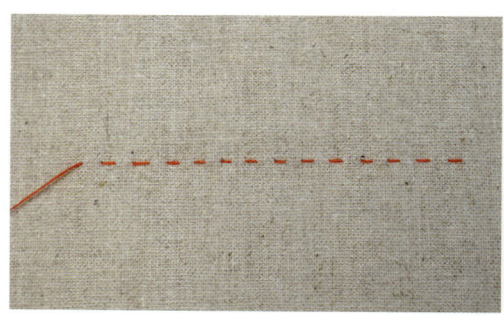

박음질(Back stitch)

한 땀 앞에서 바늘을 뽑고 다시 첫 땀 자리에 바늘을 꽂는 바느질법입니다. 홈질보다 더 튼튼하게 바느질됩니다.

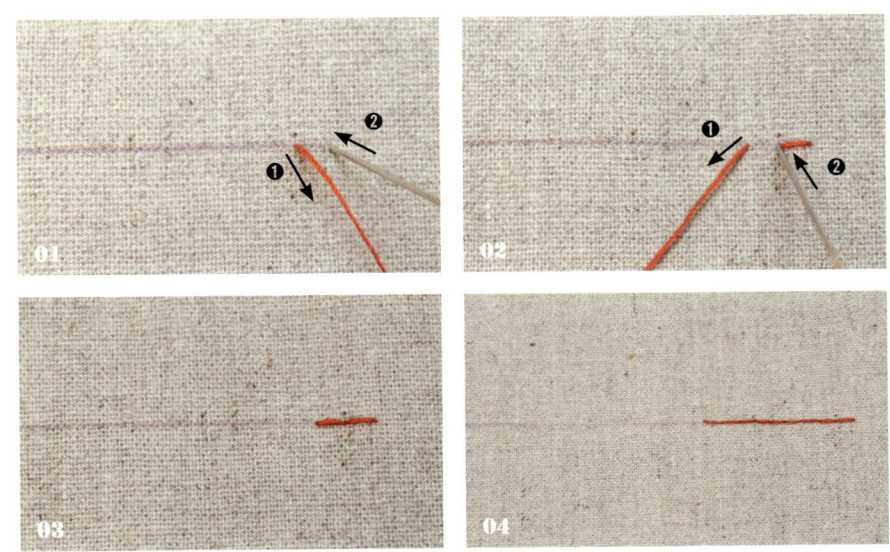

반박음질

박음질과 같은 방법이나 한 땀의 반만 되돌아가 바늘을 꽂는 바느질법입니다.

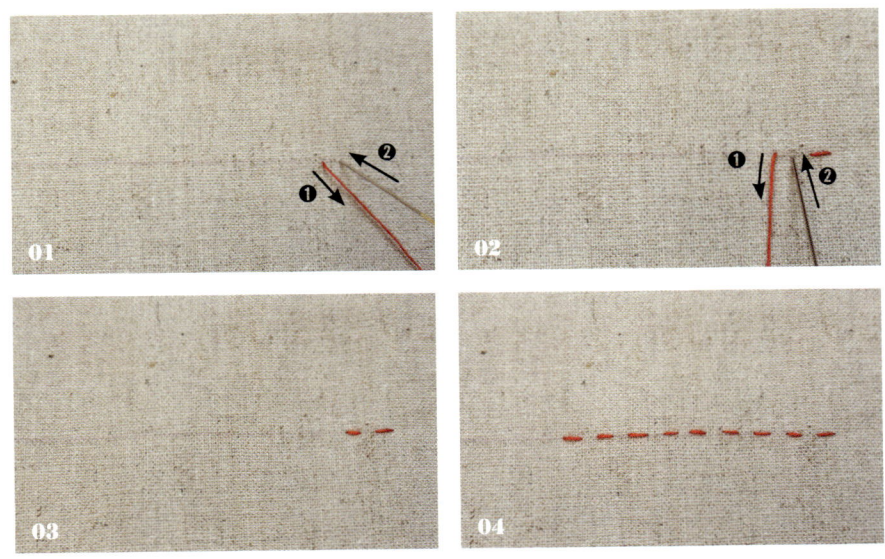

공그르기

바늘로 한 땀 뜨고 바로 건너편 원단을 한 땀 뜨는 바느질법입니다. 실을 살짝 당겨 바느질하면 바늘땀이 보이지 않아 깔끔합니다. 창구멍을 막거나 두 개의 소품을 고정할 때 사용합니다.

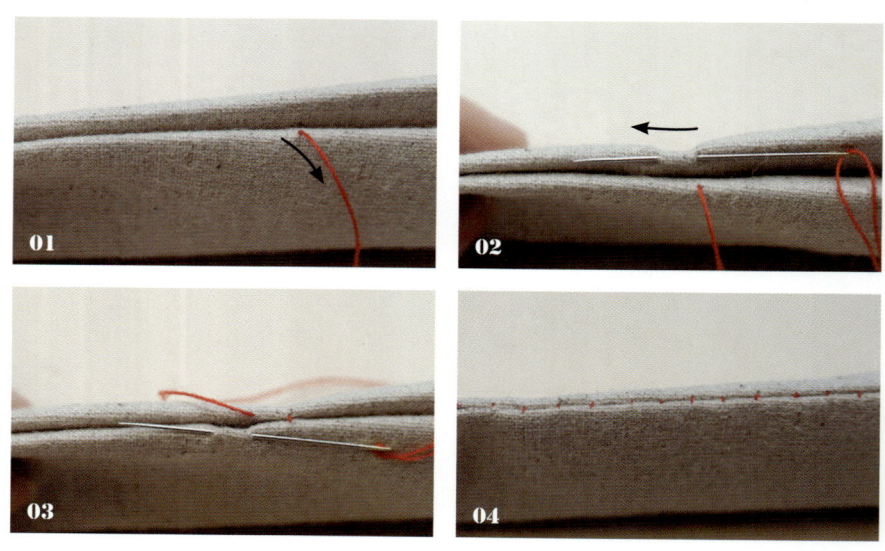

아우트라인 스티치(Outline stitch)

한 땀 오른쪽에서 바늘을 뽑고 다시 첫 땀 자리에 바늘을 꽂는 자수 기법입니다. 실은 항상 아래쪽에 두고 바느질합니다. 표정이나 글씨 등 선 형태의 자수를 놓을 때 사용합니다.

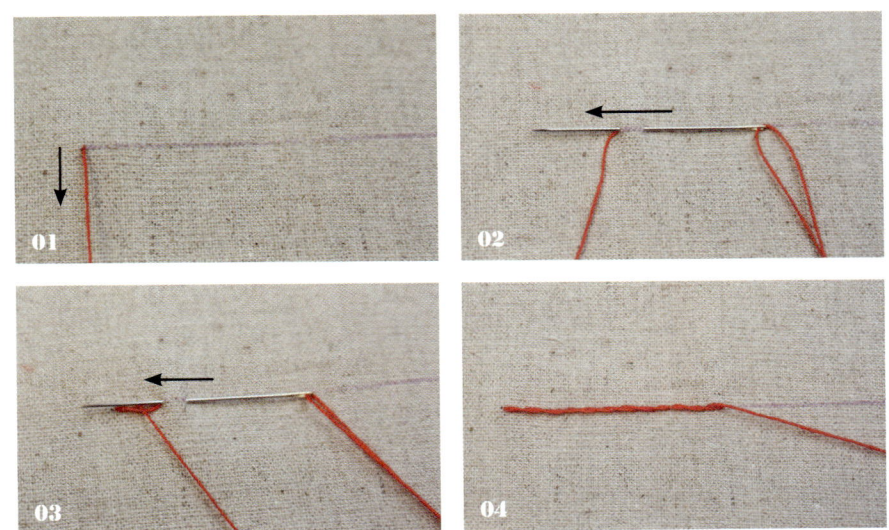

주요 만들기법

아플리케

01 원단 겉면에 도안을 그려 5mm 시접으로 오린 후 도안선을 손톱으로 살짝 접어 놓습니다.
02 덧대는 원단의 시접을 접어놓고 뒤에서 도안선으로 바늘을 뺍니다.
03 바탕 원단으로 들어가 덧대는 원단 도안선으로 바늘을 뺍니다.
04 바늘땀이 거의 보이지 않습니다. 03의 과정을 반복합니다.
05 매듭은 원단 뒤에 해서 마무리합니다.

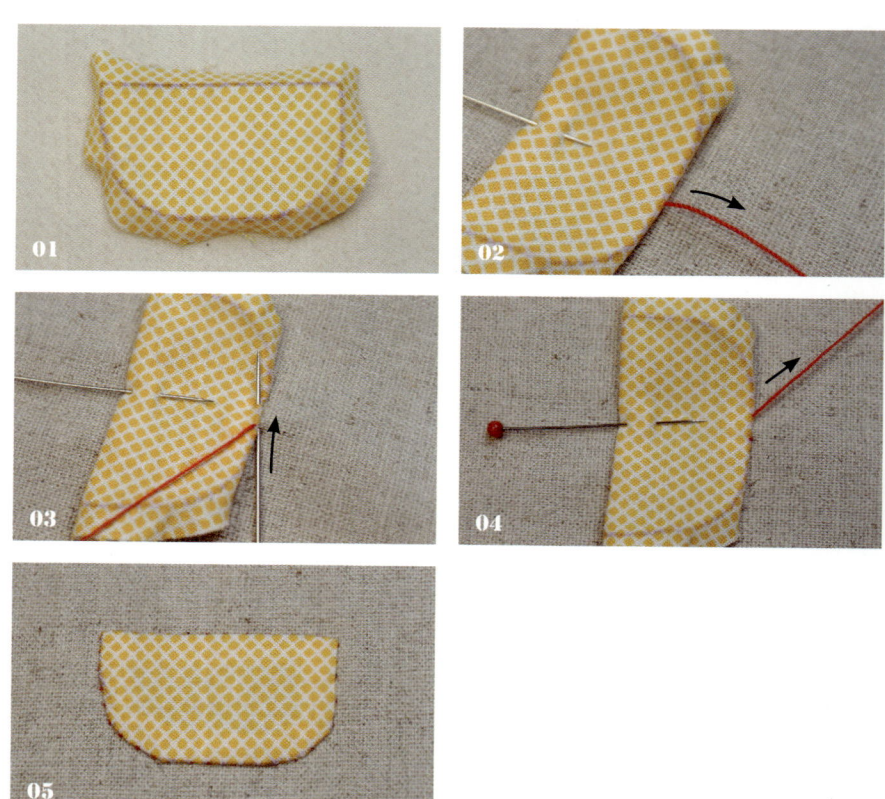

말아박기

시접의 올풀림을 방지하기 위해 하는 바느질법입니다. 시접을 한 번 접고 또 접어 시침핀으로 고정한 후 홈질합니다.

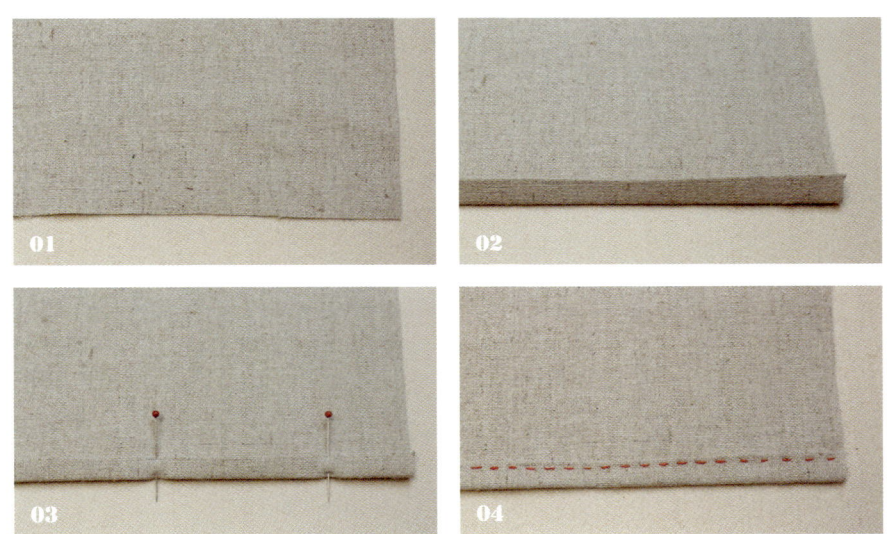

상침

소품의 가장자리를 바느질하여 형태를 고정시키는 바느질법입니다. 실의 색상에 따라 장식의 효과도 낼 수 있습니다. 시작과 끝 매듭은 옆선 바늘땀 사이를 이용해 보이지 않게 감춥니다.

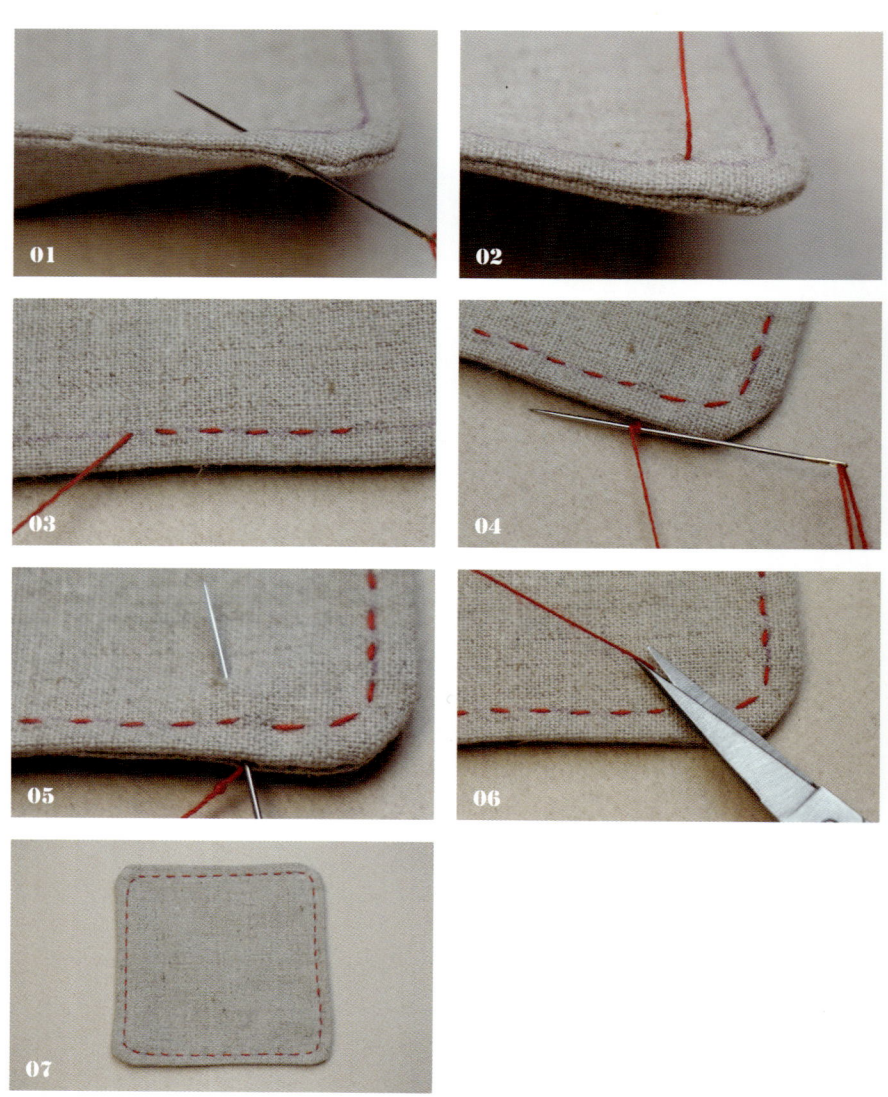

시작 매듭

01 바늘에 실 끝을 3~4번 감아줍니다.
02 감은 실을 모아서 왼손으로 잡아줍니다.
03 오른손으로 바늘을 잡고 왼손을 실 끝까지 빼냅니다.
04 매듭이 됩니다.

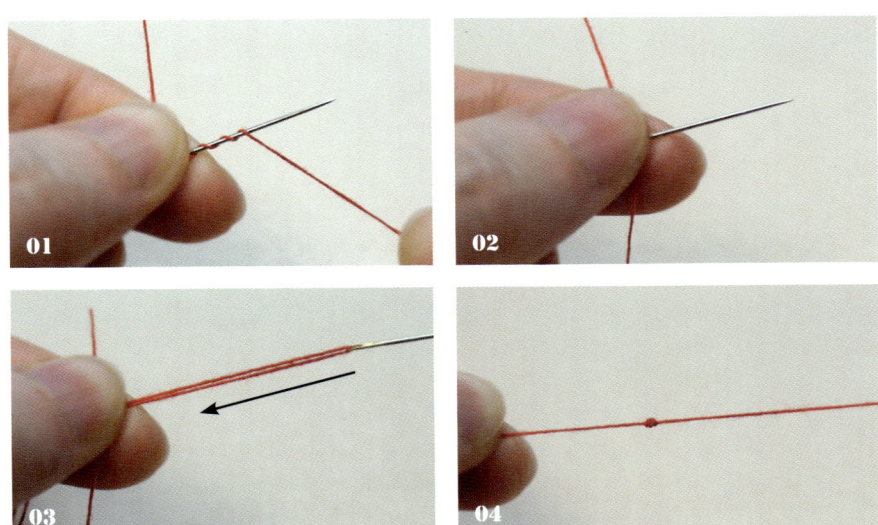

마무리 매듭

01 바느질이 끝난 위치의 원단을 조금 떠줍니다.
02 실을 3번 감아줍니다.
03 감은 실을 원단 쪽으로 바짝 모아놓습니다.
04 왼손으로 감은 실을 잡고 오른손으로 바늘을 빼냅니다.
05 매듭이 되었습니다.
06 바늘을 매듭 바로 옆으로 통과해 넣고 실을 자릅니다.
07 매듭이 원단에 딱 붙어 깔끔하게 마무리됩니다.

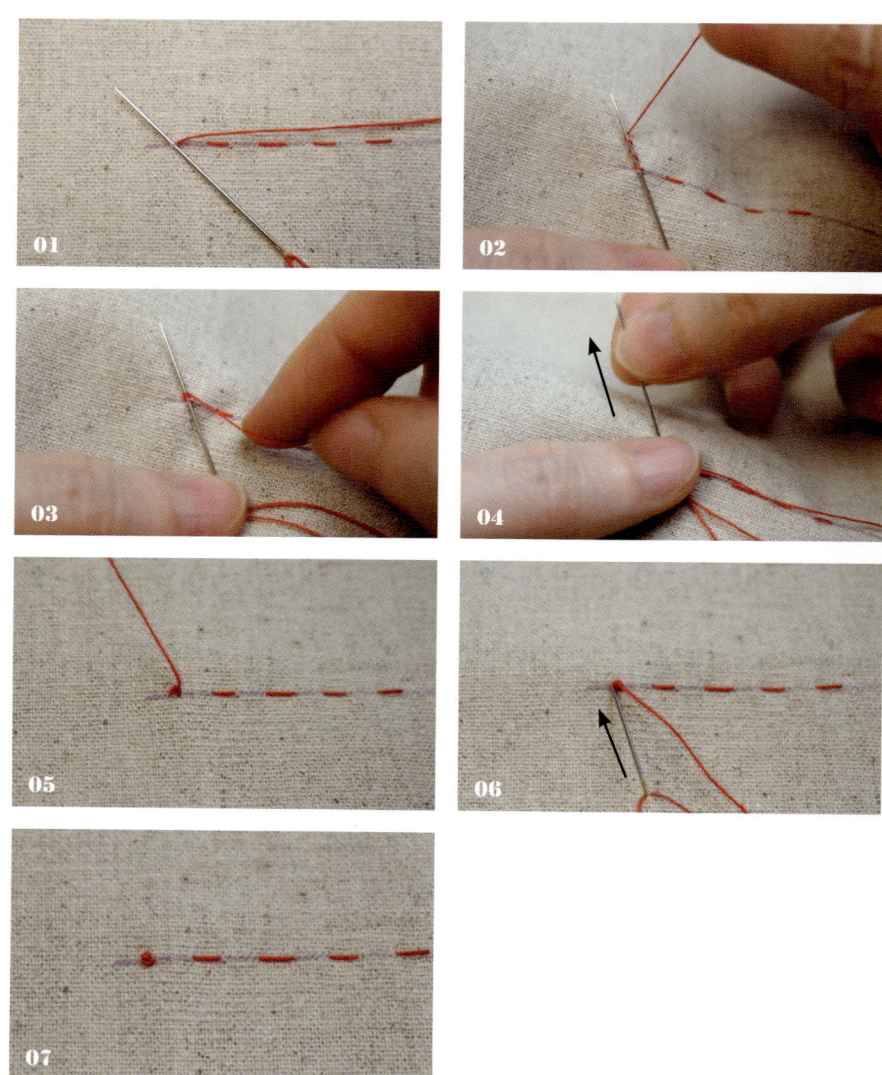

가시도트 단추 달기

01 가시도트 단추 한 쌍(4개)을 준비합니다.
02 원단 뒤에서 뚫어 올려 B 단추 가시가 보이게 놓습니다.
03 가운데 구멍을 맞춰 A 단추를 올려놓고 고무망치로 때려서 고정시킵니다.
04 반대쪽도 원단 뒤에서 뚫어 올려 D 단추 끝을 보이게 놓습니다.
05 가운데 구멍을 맞춰 C 단추를 올려놓고 고무망치로 때려서 고정시킵니다.
06 단추가 서로 마주볼 수 있게 고정되어야 올바른 형태입니다.
07 완성

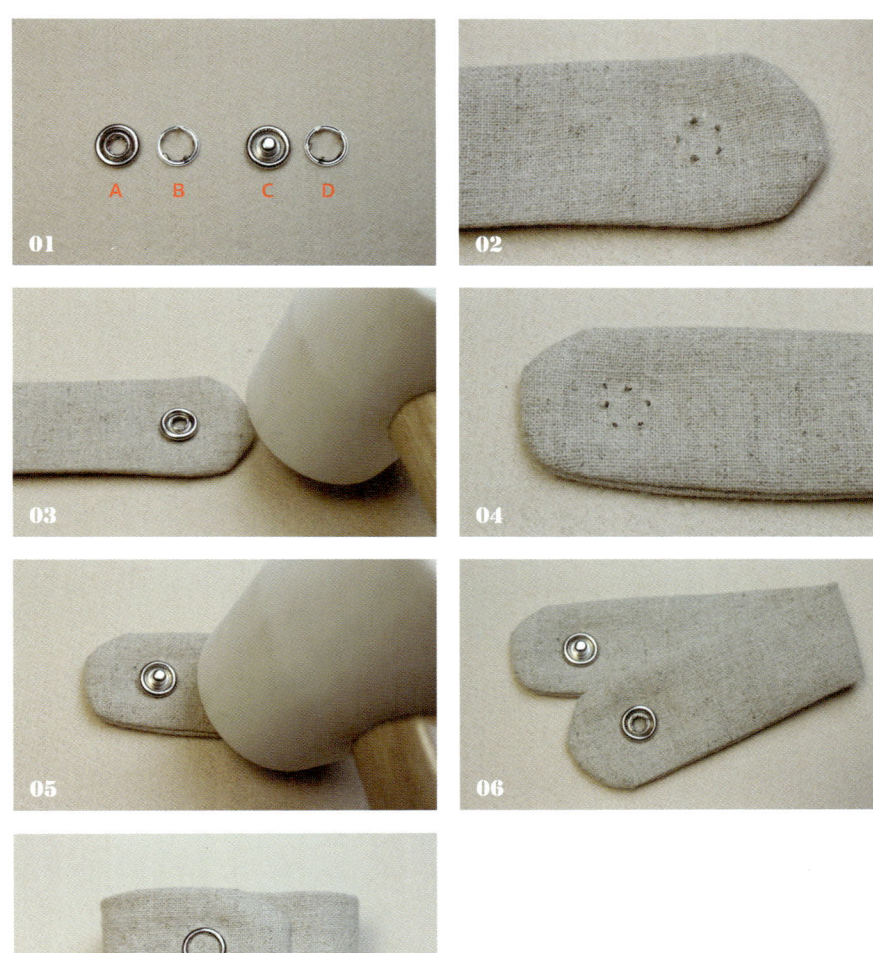

티단추 달기

01 티단추 도구를 준비합니다.
02 티단추 한 쌍(4개)을 준비합니다.
03 원단 뒤에서 뚫어 올려 B 단추 끝을 보이게 놓습니다.
04 가운데 구멍을 맞춰 A 단추를 올려놓습니다.
05 기구로 중심을 맞춰 꾹 눌러줍니다.
06 반대쪽도 원단 뒤에서 뚫어 올려 D 탄추 끝을 보이게 놓습니다.
07 가운데 구멍을 맞춰 C 단추를 올려놓습니다.
08 기구로 중심을 맞춰 꾹 눌러줍니다.
09 단추가 서로 마주볼 수 있게 고정되어야 올바른 형태입니다.
10 완성

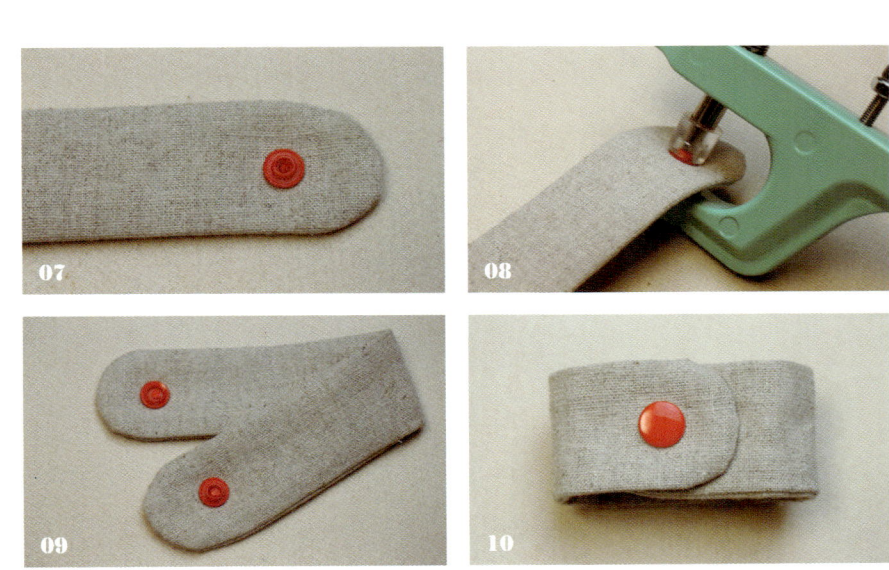

스냅단추 달기

01 스냅단추 한 쌍(2개)을 준비합니다.

02 B를 중심에서 한쪽 구멍으로 바늘을 통과합니다. 매듭은 단추 가운데로 감춰집니다.

03 구멍 바깥쪽으로 바늘이 들어갑니다. 실이 감긴 형태로 나옵니다.

04 옆 구멍으로 바늘이 나옵니다.

05 구멍 안으로 나와 바깥으로 들어가는 과정을 반복하며 4개의 구멍을 모두 실로 감아줍니다.

06 단추 옆으로 나와 바늘에 실을 3번 감아 매듭을 만듭니다.

07 단추 아래로 바늘을 빼줍니다.

08 매듭이 단추 아래로 감춰져 깔끔하게 마무리됩니다.

09 A 단추도 B 단추와 같은 방법으로 꿰매줍니다.

10 단추가 서로 마주볼 수 있게 고정되어야 올바른 형태입니다.

11 완성. 꿰맬 때 원단의 한쪽만 통과하면 뒤쪽에서는 바느질 자국이 생기지 않아 깔끔합니다.

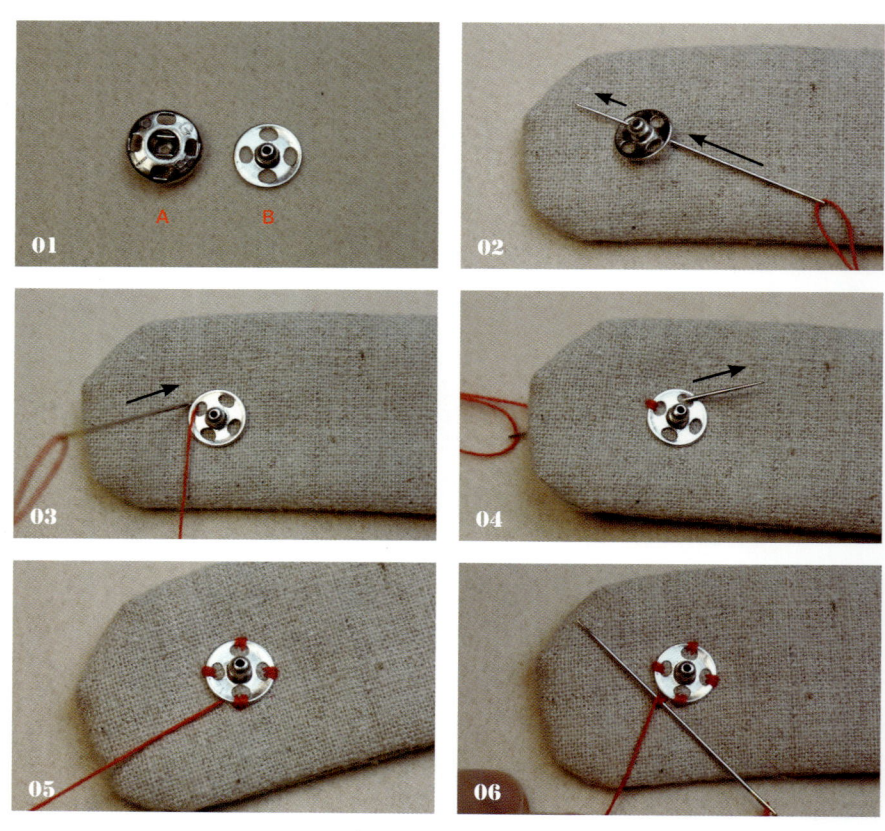

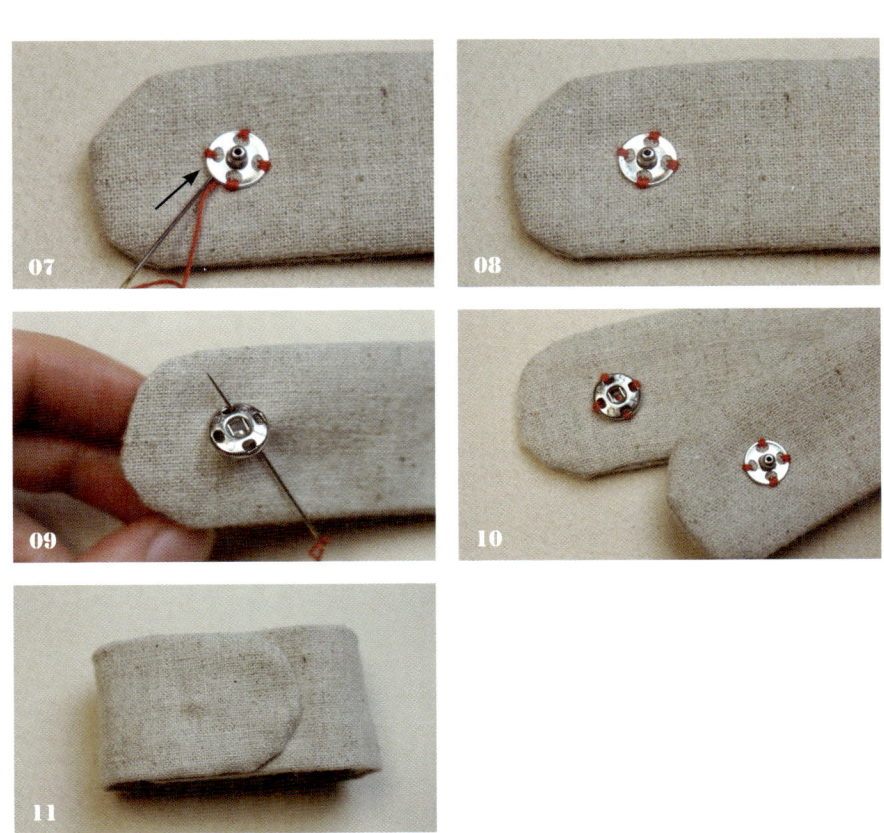

강아지를 위한 액세서리

깜찍하게 나비 리본 머리핀

작은 액세서리 하나만으로도 귀여움을 돋보이게 할 수 있어요.
앙증맞은 리본 머리핀 크기를 작게, 혹은 크게 조절해서 머리에 포인트를 주세요.

완성 사이즈
M 사이즈

준비물
리본 원단 18×5.5cm 2장, 편대

재단하기

실물 도안 p.186

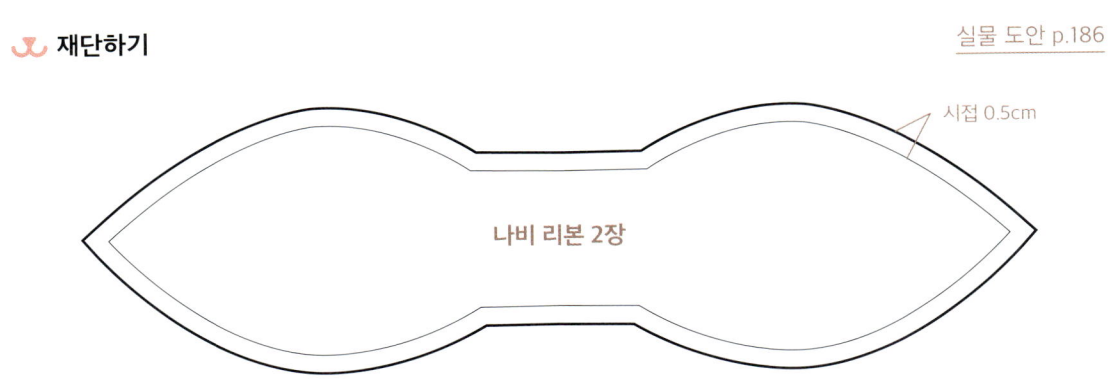

시접 0.5cm

나비 리본 2장

원단의 안쪽 면에 도안을 그린 후 0.5cm 시접을 주고 재단합니다.

🎀 만들기

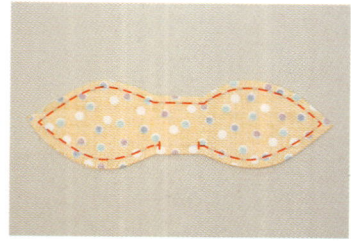 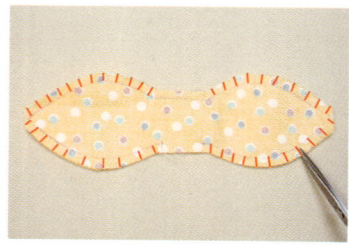 

01 재단한 원단을 겉면끼리 마주보게 놓고 창구멍을 제외하고 홈질합니다.

02 곡선부분은 가위집을 내줍니다.

03 창구멍을 통해 뒤집어서 다림질 합니다.

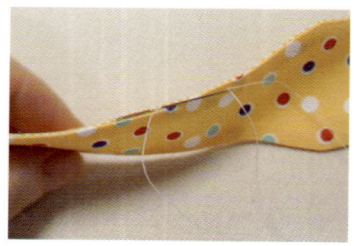  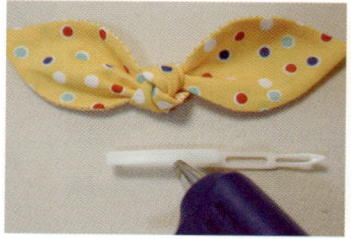

04 창구멍을 공그르기 합니다.

05 가운데를 한 번 묶어 줍니다.

06 리본을 핀대에 글루건으로 붙여 주면 완성!

파티를 위한 블링블링 고깔 머리핀

파티에는 고깔모자가 빠질 수 없죠.
생일이나 특별한 날 앙증맞은 고깔 핀으로 포인트를 주세요.
파티의 주인공은 바로 나!
조금 크게 만들어 모자로 사용할 수도 있어요.

완성 사이즈
S 사이즈

준비물
모자 펠트지 12×7cm 1장, 모자바닥 펠트지 1장 4.5×4.5cm,
망사 원단 60×2cm 2장, 폼폼, 핀대

재단하기

실물 도안 p.187

도안을 그린 후 시접 없이 도안선에 맞춰 재단합니다.

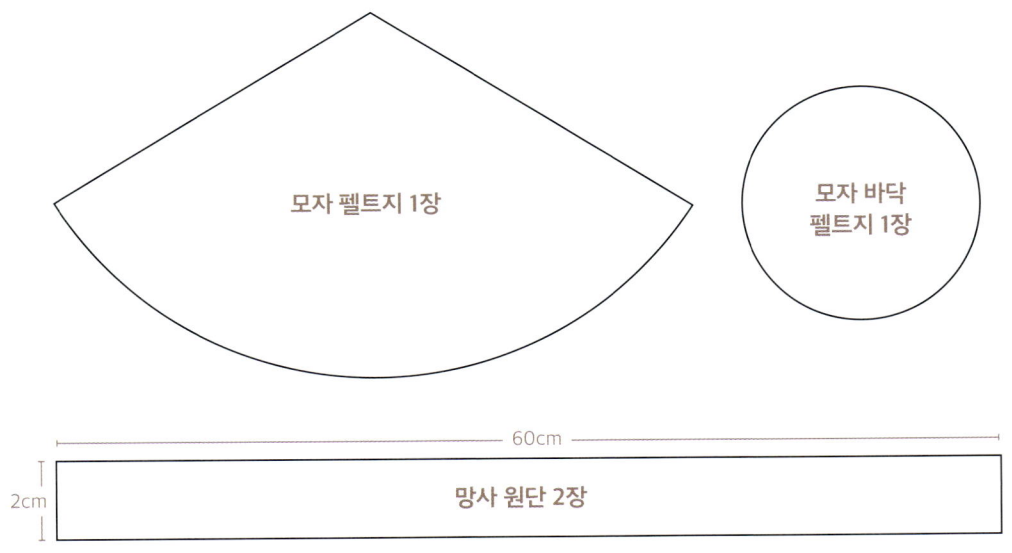

(사각형이나 직사각형으로 원단을 준비할 때는 도안 없이 원단에 직접 그려서 재단해주세요.)

🌙 만들기

01 펠트지를 오려 한쪽 변에 접착제를 발라줍니다.

02 원뿔 형태로 고정해줍니다.

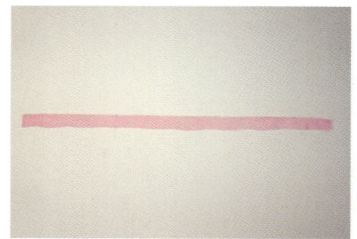

03 망사 원단을 재단합니다.

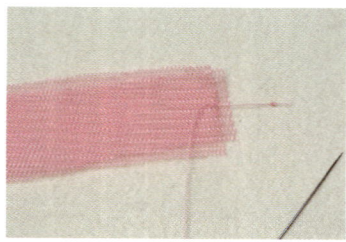

04 매듭을 지어 망사 끝에 바늘을 넣습니다.

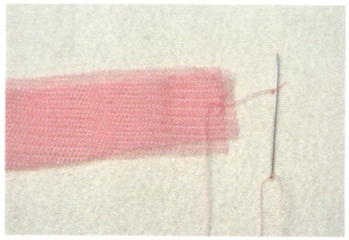

05 바늘로 매듭을 통과해줍니다 (이렇게 해야 매듭이 망사를 통과하지 못해요).

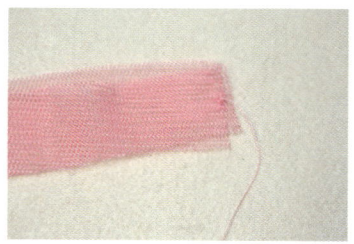

06 실을 잡아당기면 매듭이 단단히 고정됩니다.

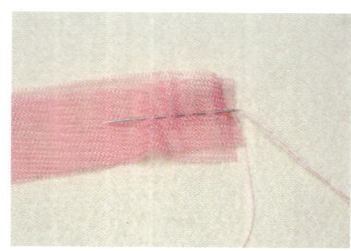

07 원단의 가운데를 홈질해나갑니다.

08 끝까지 홈질한 후 실을 잡아당겨 주름을 만들어줍니다. 길이는 고깔의 둘레에 맞추어 마무리합니다(약 15cm).

09 접착제로 고깔에 망사를 붙입니다.

10 망사를 빙 둘러 붙여준 모습입니다.

11 고깔 위 끝을 가위로 조금 잘라줍니다(방울을 튼튼하게 붙이는 데 도움이 돼요).

12 접착제를 발라 폼폼 방울을 붙여줍니다.

13 바닥 원단을 붙입니다(S 사이즈).

14 사용하기 좋은 핀을 붙입니다.

15 완성

16 M, L 크기는 따로 바닥과 핀을 붙이지 않고 끈을 달아주어 모자로 사용합니다.

왕이 되는 왕관

순식간에 왕으로 변신하는 방법, 또는 공주로 변신하는 방법이에요.
귀여운 왕관으로 연출하면 생일이나 파티의 주인공이 될 수 있어요.
머리 둘레에 맞춰 제작해보세요.

완성 사이즈
S 사이즈

준비물
면 원단 25×7cm 2장, 접착심지 23×5cm 1장, 고무줄, 돼지코 스토퍼

재단하기

실물 도안 p.188

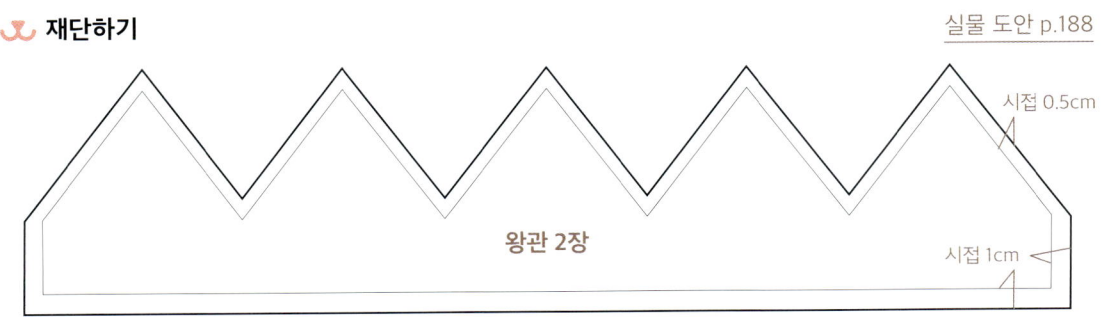

시접 0.5cm

왕관 2장

시접 1cm

원단의 안쪽 면에 도안을 그린 후 시접을 주고 재단합니다.

🐾 만들기

01 접착심지는 도안보다 1~2mm 정도 작게 재단합니다.

02 원단의 안쪽 면에 접착심지를 붙여줍니다.

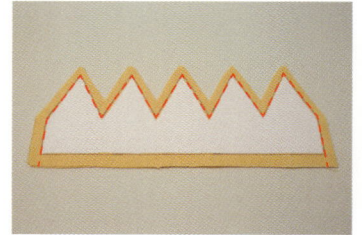

03 원단을 겉면끼리 마주보게 놓은 후 도안선을 홈질합니다.

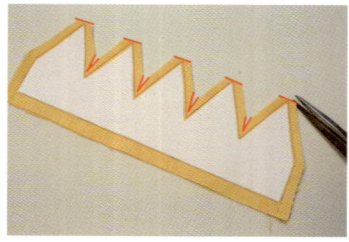

04 왕관 끝부분과 꺾인 부분의 시접을 잘라줍니다.

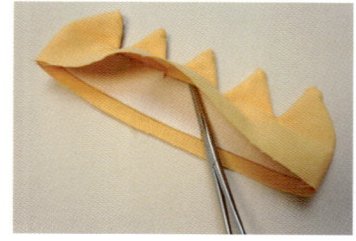

05 뒤집어줍니다.

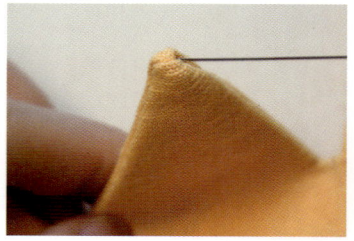

06 왕관 끝부분을 시침핀으로 빼내어 뾰족하게 정리합니다.

07 창구멍의 시접을 접어놓고 전체적으로 다림질합니다.

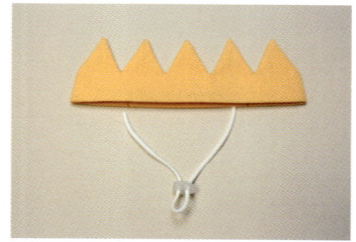

08 돼지코 스토퍼를 끼운 고무줄을 준비합니다. 고무줄 길이는 강아지의 이마부터 턱밑까지의 길이를 재어 그보다 5cm 정도 더 길게 합니다.

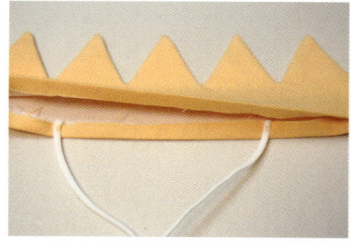

09 고무줄을 왕관 길이 1/5 지점과 4/5 지점에 꿰매 고정합니다.

10 왕관의 하단을 공그르기 합니다. 이때 바늘이 고무줄을 통과해 함께 꿰매줘야 튼튼해요.

11 왕관을 둥글게 말아 끝끼리 공그르기 합니다.

12 완성. 왕관 끝에 폼폼이나 다른 장식을 달아주어도 좋아요.

토끼로 변신 토끼 머리띠

깜찍한 토끼로 변신! 청순한 분위기를 표현할 때는 토끼 머리띠가 꼭 있어야 해요.
와이어를 넣으면 귀도 구부릴 수 있어요.

완성 사이즈
S 사이즈

준비물
토끼 귀 5.5×11cm 4장, 머리띠 30×5.5cm 2장, 면 끈(길이 25cm) 2개, 와이어

🌙 재단하기

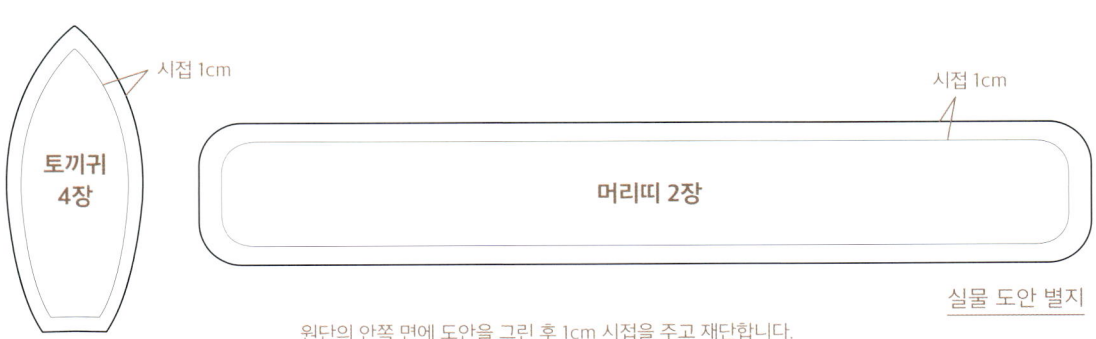

토끼귀 4장 — 시접 1cm
머리띠 2장 — 시접 1cm

실물 도안 p.186

실물 도안 별지

원단의 안쪽 면에 도안을 그린 후 1cm 시접을 주고 재단합니다.

🐰 만들기

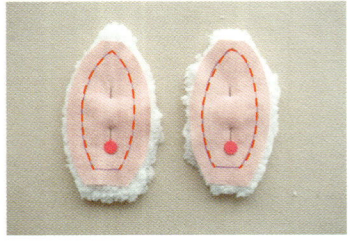

01 재단한 원단을 겉면끼리 마주보게 놓은 후 창구멍을 제외하고 홈질합니다.

02 시접 0.5cm를 남기고 오려줍니다.

03 가위집을 내줍니다.

04 뒤집어준 후 구겨진 부분은 다림질합니다.

05 안에 와이어를 넣어줍니다(와이어를 넣으면 귀를 접어 연출할 수 있어요).

06 창구멍을 공그르기 한 후 반으로 접어 바느질로 고정해줍니다.

07 머리띠 원단을 겉면끼리 마주보게 놓은 후 끈을 안쪽에 넣어줍니다.

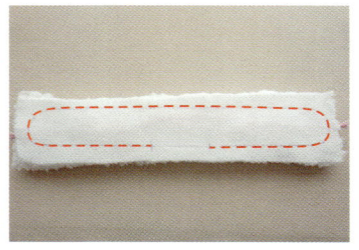

08 창구멍을 제외하고 홈질합니다. 끈 부분은 여러 차례 박음질합니다.

09 시접 0.5cm를 남겨두고 오려줍니다.

 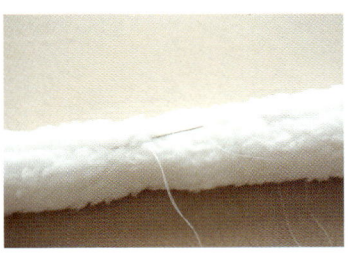 

10 창구멍을 통해 뒤집습니다. 11 창구멍을 공그르기 합니다. 12 토끼 귀를 위치 잡아 공그르기로 고정합니다.

13 완성. 착용 후 끈을 묶어 사용합니다.

패셔니스타 털방울 빵모자

큼지막한 털방울이 포인트로 달려 더욱 귀여운 빵모자예요.
조금 작게 만들어 머리 한쪽에 올려놓는 스타일로 연출해보세요.
인물이 확 살아나는 패션 아이템이에요.

완성 사이즈
M 사이즈

준비물
겉감용 면 원단 7.5×10.7cm 6장, **안감용** 원 지름 10.4cm, 안감 높이용 28×5cm
고무줄 32cm, 털실, 접착심지, 돼지코 스토퍼

🌙 재단하기

실물 도안 p.189

원단의 안쪽 면에 도안을 그린 후 1cm 시접을 주고 재단합니다.

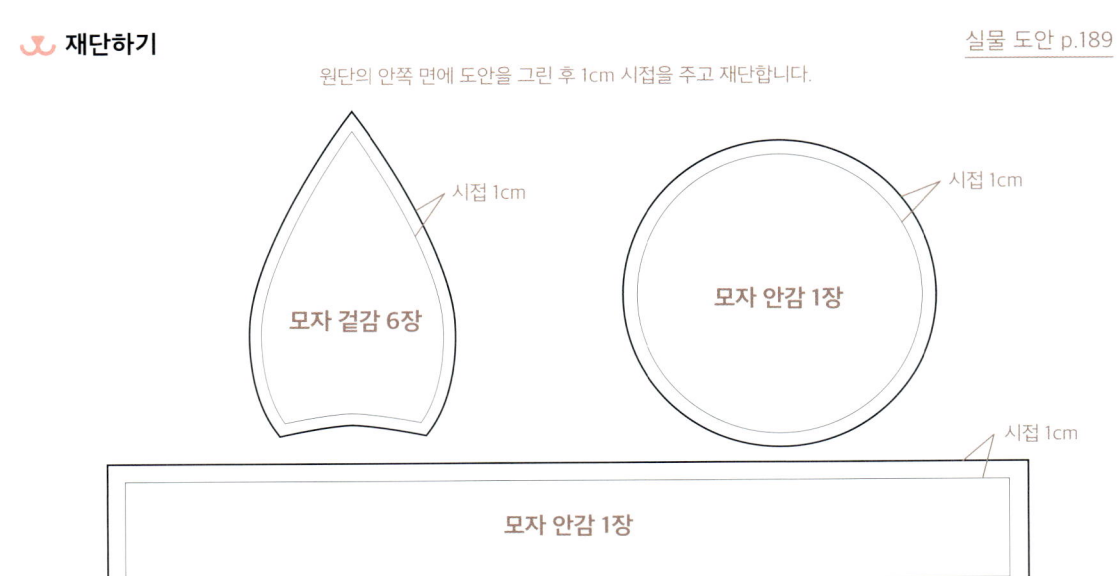

🌸 만들기

01 모자 조각에 접착심을 붙여줍니다(6개 모두).

02 두 조각을 겉면끼리 마주보게 놓습니다.

03 시침핀으로 고정하고 선을 따라 홈질합니다.

04 여섯 조각을 모두 이어줍니다.

05 꼭짓점을 다양한 방향으로 여러 차례 관통해 꿰매줍니다(바느질이 덜 되면 벌어질 수 있으니 주의하세요!).

06 시접을 가름솔로 다림질해줍니다.

07 시접에 가위집을 내줍니다.

08 모자 안감 높이를 겉면끼리 마주보게 반으로 접어 홈질합니다.

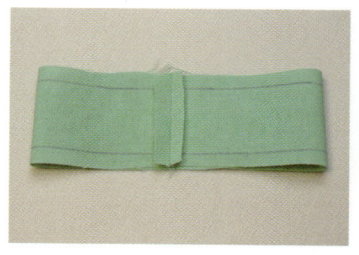

09 시접을 가름솔해줍니다.

10 모자 안감 원과 모자의 둘레 부분을 겉면끼리 겹쳐 시침핀으로 고정합니다.

11 창구멍을 제외하고 홈질합니다.

12 뒤집어놓습니다.

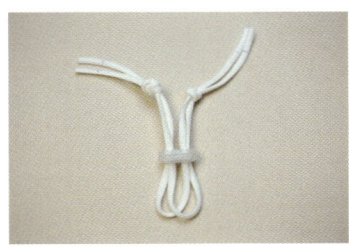

13 고무줄을 잘라 돼지코 스토퍼에 끼워놓습니다(강아지 머리부터 턱까지 대보고 조금 더 여유 있는 길이로 만듭니다).

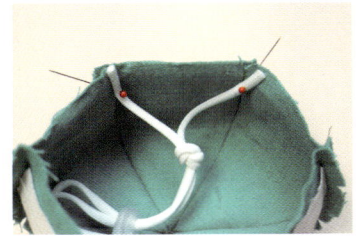

14 고무줄 두 줄을 모자 조각 양쪽에 하나씩 고정합니다.

15 고무줄 양쪽을 모두 꿰매줍니다.

16 만들어놓은 모자 안감을 그대로 넣어줍니다.

17 안감과 겉감을 잘 맞춰 시침핀으로 고정하고 홈질합니다.

18 창구멍을 통해 뒤집어줍니다.

19 뒤집은 모습

20 안감을 들어 올려 창구멍을 공그르기 합니다.

21 안감을 모자 안에 넣어 잘 정돈해줍니다.

22 모자 형태가 나왔습니다.

23 두꺼운 종이(6×6cm)와 털실을 준비하고 종이를 선처럼 오려놓습니다.

24 종이에 털실을 50회 정도 감아 놓고(많이 감을수록 풍성해져요), 가운데 부분을 털실로 2회 감아 줍니다.

25 종이를 제거한 후 가운데를 꽉 묶어줍니다.

26 가위로 양쪽 끝을 잘라줍니다.

27 돌려가면서 끝을 계속 잘라내어 원 형태로 다듬어줍니다.

28 시침핀으로 털실의 끝을 풀어줍니다(좀 더 풍성한 형태로 만들어주는 과정으로 생략해도 됩니다).

29 털방울의 중심과 모자의 중심을 꿰매어 고정합니다.

30 완성!

젠틀하게 둥근 보타이

격식 있는 자리나 파티에 참석할 때 보타이 하나만으로도 멋스럽게 연출할 수 있어요.
둥근 모양의 보타이어서 귀여움도 업!
면, 린넨뿐만 아니라 실크나 레이스 망사 원단으로 만들어도 개성 있고 예뻐요.

완성 사이즈
S 사이즈

준비물
겉감 11×9cm 2장, 중심 끈 6×2cm
목둘레 끈 34×4cm(반려견 목둘레보다 +9cm로 제작하세요.)
10mm 버클, 2온스 퀼팅솜, 4mm폭 고무줄 20cm 내외
(고무줄 길이 : 반려견 목둘레보다 -4cm 정도로 준비하세요.
고무줄 탄성에 따라 조절하세요.)

🌙 재단하기

실물 도안 p.190

원단의 안쪽 면에 도안을 그린 후 보타이는 1cm 시접을 남기고, 끈은 시접 없이 재단합니다.

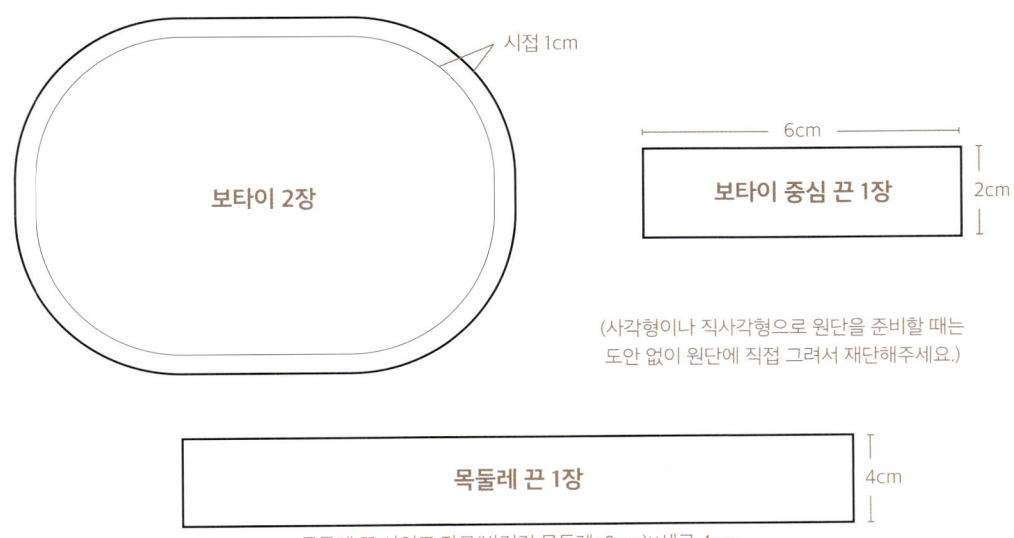

(사각형이나 직사각형으로 원단을 준비할 때는
도안 없이 원단에 직접 그려서 재단해주세요.)

목둘레 끈 사이즈 가로(반려견 목둘레+9cm)×세로 4cm

🎀 만들기

01 원단 안쪽에 도안을 그려 재단합니다.

02 원단을 겉면끼리 마주보게 놓고 맨 아래에 퀼팅솜을 놓습니다.

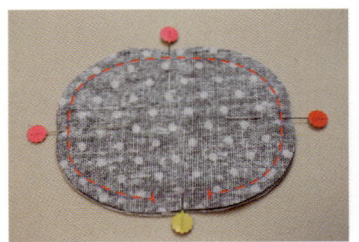
03 창구멍을 제외하고 홈질해줍니다.

04 퀼팅솜의 여유분을 바짝 잘라냅니다.

05 가위집을 내줍니다.

06 뒤집어줍니다.

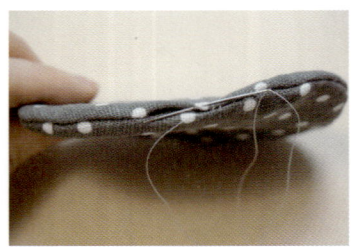
07 창구멍을 공그르기 합니다.

08 중앙을 실로 돌돌 감은 후 바늘로 가운데를 통과해 매듭을 짓습니다.

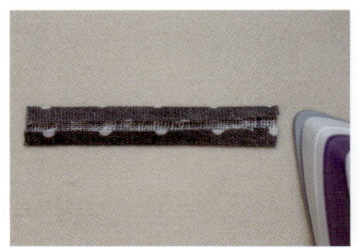
09 중심 끈 원단을 양쪽이 마주보게 접어 다림질합니다.

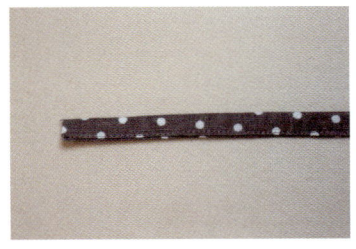

10 목둘레 끈은 (9)의 중심 끈처럼 접은 후 반으로 한 번 더 접어 바느질합니다.

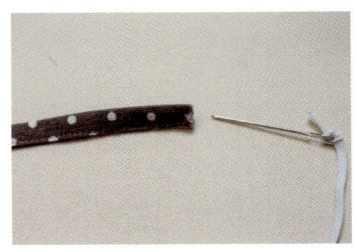

11 고무줄을 끼워줍니다.

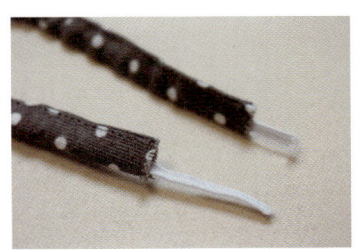

12 양쪽 고무줄을 여유 있게 빼놓습니다.

13 원단 끝에 고무줄을 맞춰놓고 원단과 고무줄을 박음질해줍니다.

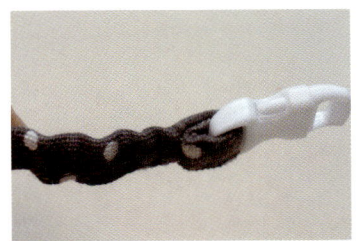

14 버클에 끼워 접은 후 촘촘한 공그르기로 고정해줍니다.

15 목둘레에 맞춰 길이를 조정하고 고무줄 여분은 잘라냅니다.

16 다른 쪽과 마찬가지로 남은 한 쪽도 버클에 연결해줍니다.

17 끈과 리본을 함께 잡아주세요.

18 (9)에서 만들어놓은 중심 끈으로 한 바퀴 감싼 후 공그르기 합니다.

19 완성

패셔너블 삼각 스카프

간단하게 멋을 내고 싶을 때 딱 좋은 삼각 스카프예요.
삼각형 쪽이 앞으로 오게 또는 단추 쪽이 앞으로 오게 해서
두 가지 스타일로 사용할 수 있어요.

완성 사이즈
M 사이즈

준비물
30수 면 원단 28×20cm 2장, 가시도트 단추 한 쌍

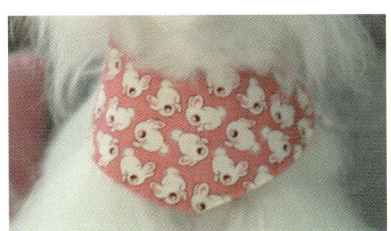

재단하기

실물 도안 별지

원단의 안쪽 면에 도안을 그린 후 1cm 시접을 주고 재단합니다.

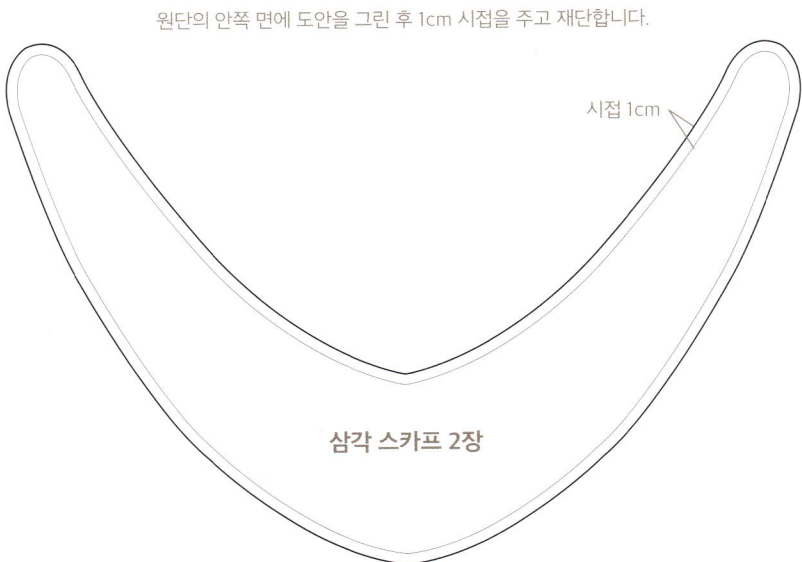

시접 1cm

삼각 스카프 2장

🐾 만들기

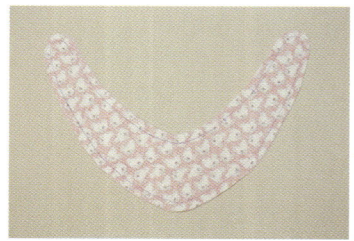 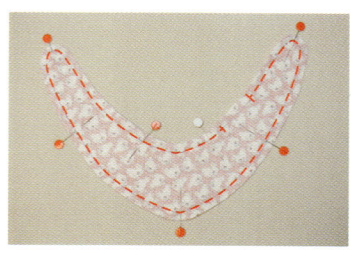 

01 겉면끼리 마주보게 포개어놓습니다.
02 시침핀으로 고정하고 창구멍을 제외하고 홈질합니다.
03 가위집을 내줍니다.

 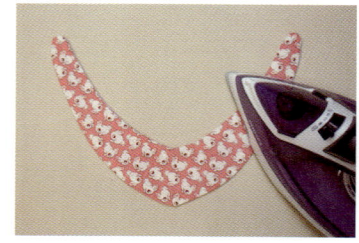 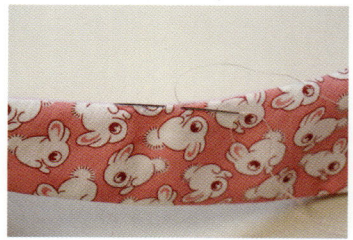

04 창구멍을 통해 뒤집어줍니다.
05 뒤집으면서 구겨진 부분을 다림질합니다.
06 창구멍을 공그르기 합니다.

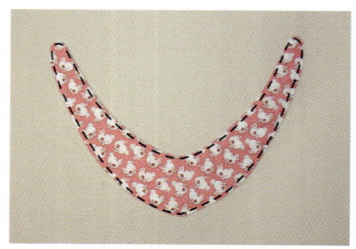 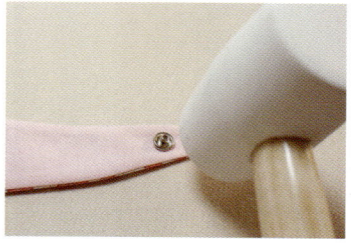 

07 둘레를 상침해줍니다.
08 티단추를 달아줍니다.
09 완성

격식 있게 칼라 넥타이

깔끔한 오피스룩 연출이 가능한 칼라 넥타이예요.
세련되고 젠틀한 이미지가 필요할 때 착용해보세요.
넥타이는 실크나 레이스 망사 원단으로 만들어도 좋습니다.

완성 사이즈
M 사이즈

준비물
목둘레 끈 겉감 32×4cm 2장, 칼라 겉감 12×7.5cm 4장
타이 겉감 7.5×13cm 2장, 타이 헤드 11.5×4.7cm 2장
2온스 퀼팅솜 7.5×13cm 1장, 11.5×4.7cm 1장, 티단추 한 쌍

재단하기

실물 도안 p.191~193

원단의 안쪽 면에 도안을 그린 후 시접을 남기고 재단합니다.

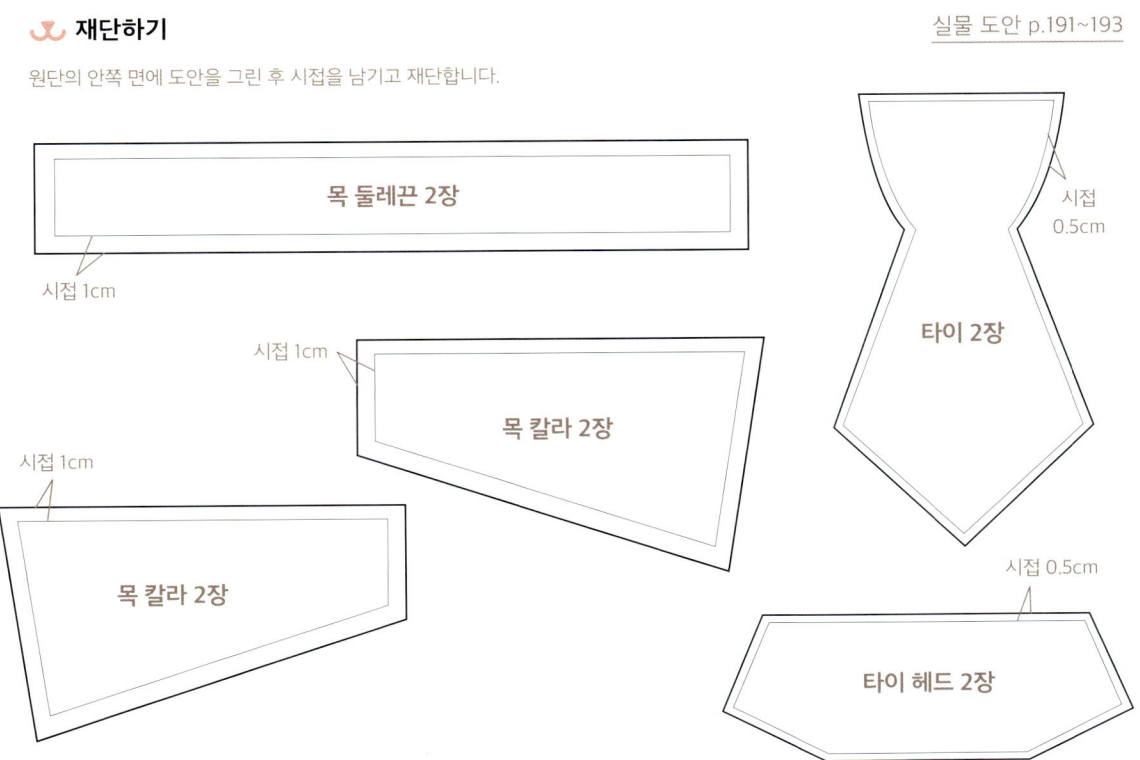

🐾 만들기

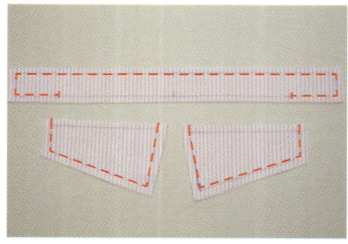

01 겉면끼리 마주보게 놓고 창구멍을 제외하고 홈질합니다.

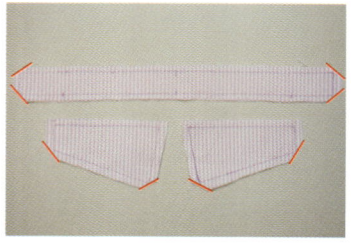

02 모서리 시접을 잘라줍니다.

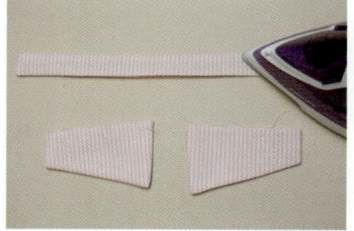

03 뒤집어서 다림질합니다.

04 양쪽 칼라를 상침해줍니다.

05 목둘레 끈의 창구멍에 칼라를 넣어줍니다.

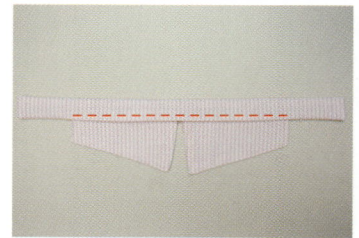

06 창구멍을 상침합니다.

07 칼라를 위로 향하게 놓아주세요.

08 칼라를 아래쪽으로 꺾어준 후 다림질로 접힌 부분을 다려줍니다.

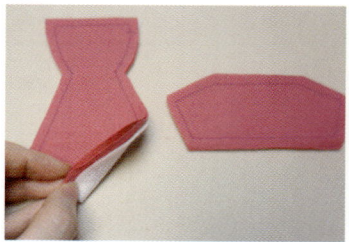

09 타이원단을 겉면끼리 마주보게 놓고 맨 아래에 퀼팅솜을 둡니다.

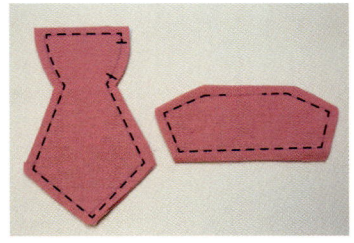

10 창구멍을 제외하고 홈질합니다.

11 퀼팅솜을 바느질선 가까이에서 잘라냅니다.

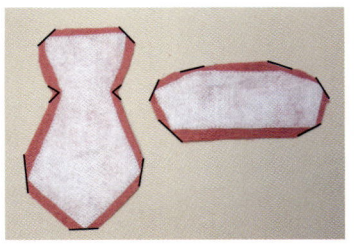

12 모서리 부분 시접을 잘라줍니다.

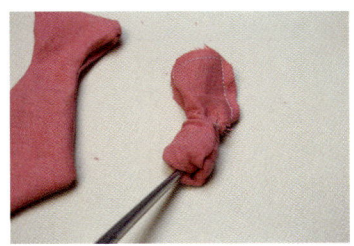

13 뒤집어줍니다.

14 구겨진 부분을 다려줍니다.

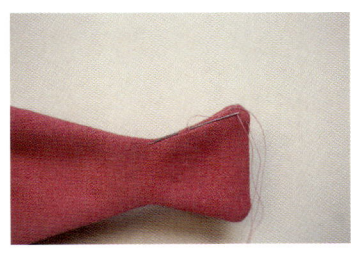

15 창구멍을 공그르기 합니다.

16 타이 머리 쪽을 감싸 공그르기로 고정해줍니다.

17 목둘레 끈 가운데에 타이를 공그르기로 고정합니다.

18 칼라를 내려 모양을 정리해줍니다.

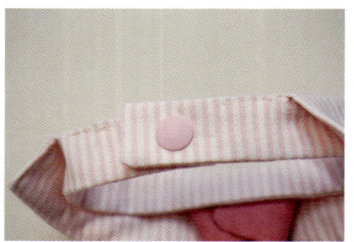

19 단추를 달아 완성합니다.

화려하게 파티 프릴 스카프

스카프 하나로 시선 집중!
화려하게 돋보이고 싶을 때 프릴 스카프로 연출해보세요.
원단을 길게 만들수록 프릴이 더 풍성해집니다.

완성 사이즈

M 사이즈

준비물

목둘레 끈 겉감 33×4cm 2장, 프릴 겉감 80×8cm 1장
(목둘레 끈 길이는 반려견의 목둘레에 맞춰 조절해줍니다.)
망사 원단 80×5cm 2장, 레이스 80×4cm 1장
티단추

재단하기

목둘레 끈은 원단의 안쪽 면에 크기대로 그린 후 시접 1cm를 두고 재단합니다. 프릴과 망사원단은 시접 없이 크기대로 재단합니다.

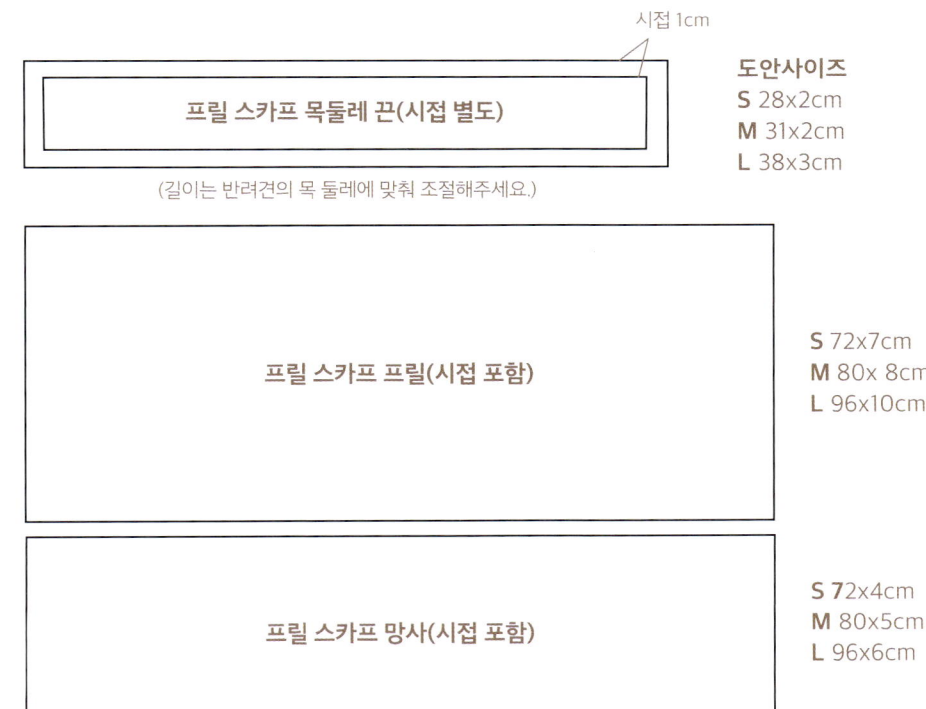

🎀 만들기

01 프릴 만들 원단을 재단해 준비합니다.

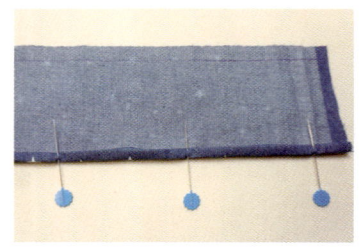

02 양옆과 아래쪽 시접을 말아박기 합니다.

03 원단 중앙에 주름을 만들어 시침핀으로 고정합니다.

04 중앙부터 양옆으로 주름을 하나씩 만들어나갑니다. 가로 길이는 창구멍보다 조금 짧게 맞춥니다.

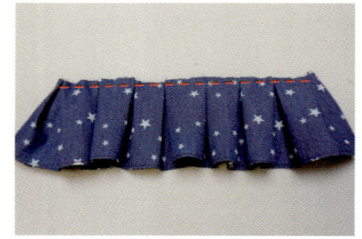

05 상단 0.5cm 시접을 두고 시침질합니다.

06 레이스도 같은 방법으로 주름을 만들어 시침질합니다.

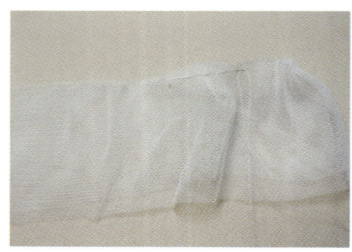

07 망사 원단 두 장을 겹쳐 상단 0.5cm 시접을 두고 시침질합니다.

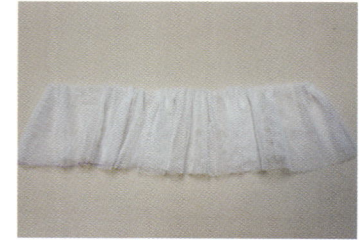

08 실을 잡고 원단을 밀어 주름을 만들어줍니다.

09 프릴, 망사, 레이스의 상단 선을 맞춰 겹쳐놓습니다.

10 다 같이 시침질합니다.

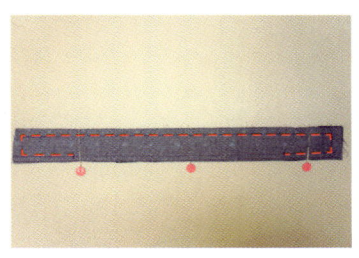

11 끈 원단을 겉면끼리 마주보게 겹친 후 창구멍을 제외하고 홈질합니다.

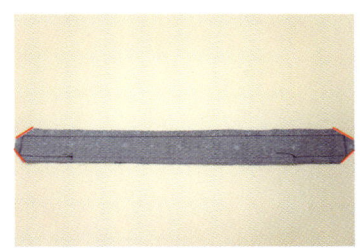

12 모서리 부분 시접을 잘라줍니다.

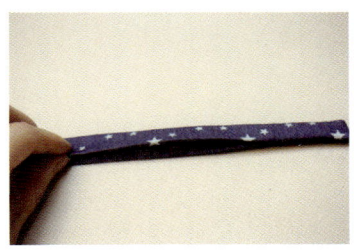

13 뒤집어줍니다.

14 끈의 창구멍에 프릴을 넣어줍니다.

15 시침핀으로 고정한 후 박음질합니다.

16 티단추를 달아 완성합니다.

멋쟁이 크로스 목도리

고리에 끼워 크로스로 예쁘게 할 수 있는 목도리예요.
여름에는 면 원단으로 만들어 패션 아이템으로 연출하고
겨울에는 털 원단으로 만들어 따뜻하게 사용할 수 있어요.

완성 사이즈
S 사이즈

준비물
목도리 원단 53×8cm 2장, 고리 원단 6×8cm 2장

재단하기

실물 도안 별지

원단의 안쪽 면에 도안을 그린 후 1cm 시접을 주고 재단합니다.

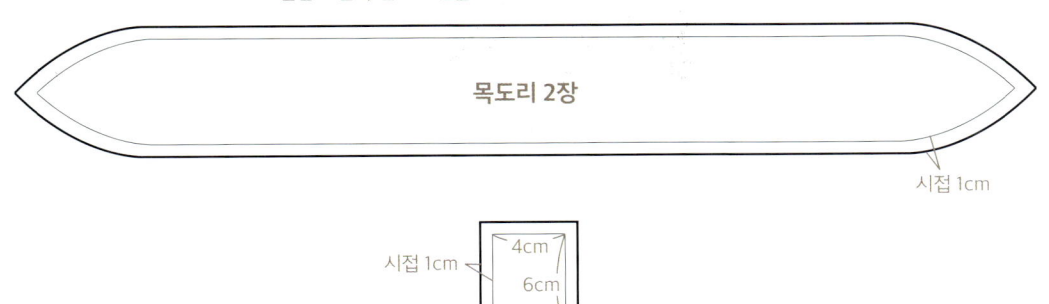

(사각형이나 직각형으로 원단을 준비할 때는 도안 없이 원단에 직접 그려서 재단해주세요.)

🌙 만들기

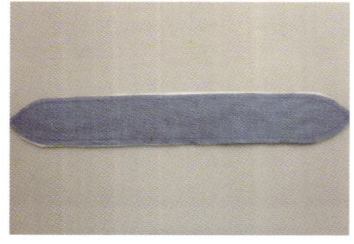

01 재단한 원단을 겉면끼리 마주보게 놓습니다.

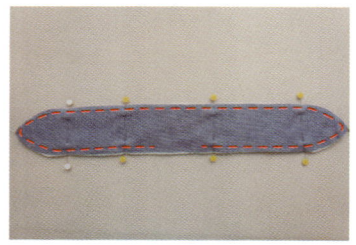

02 창구멍을 제외하고 홈질합니다.

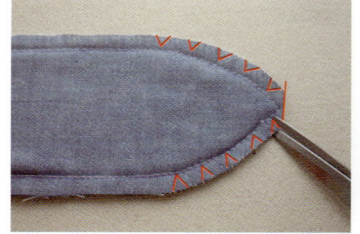

03 모서리 시접은 잘라주고 둥근 부분은 가위집을 내줍니다.

04 창구멍을 통해 뒤집어줍니다.

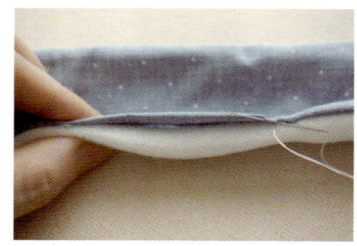

05 창구멍을 공그르기로 마무리합니다.

06 고리 원단을 겉면끼리 마주보게 놓고 창구멍을 제외하고 홈질합니다.

07 모서리 시접을 잘라냅니다.

08 뒤집어서 창구멍을 공그르기 합니다.

09 뒤집으면서 구겨진 부분은 다림질해줍니다.

10 손으로 주름을 만들어줍니다.

11 바늘로 왔다갔다 여러 번 통과해 주름을 꿰매줍니다.

12 고리 원단으로 주름을 감싸 공그르기 합니다.

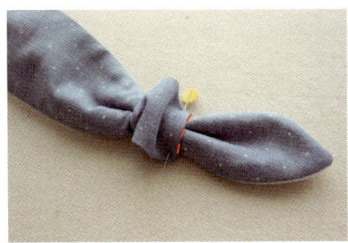

13 다른 쪽도 같은 방법으로 공그르기 합니다.

14 뒤쪽에서 본 모습입니다.

15 고리가 없는 쪽 목도리 끝을 고리에 끼워 X자 모양으로 착용합니다.

16 완성

따뜻하게 방울 케이프

털 방울로 포인트를 준 케이프예요. 털 원단과 매치해서 따뜻한 느낌을 주었어요.
외출할 때 빨간 망토로 멋을 내보세요.

완성 사이즈

M 사이즈

준비물

면 원단 케이프 겉감 38×16cm 1장, 케이프 안감(덤블링) 43×22cm 1장
방울 원단(덤블링) 12×12cm 2장
10mm폭 리본 25cm 2개, 솜

재단하기

원단의 안쪽 면에 도안을 그린 후 방울은 1cm 시접을 주고, 케이프는 시접 없이 재단합니다.

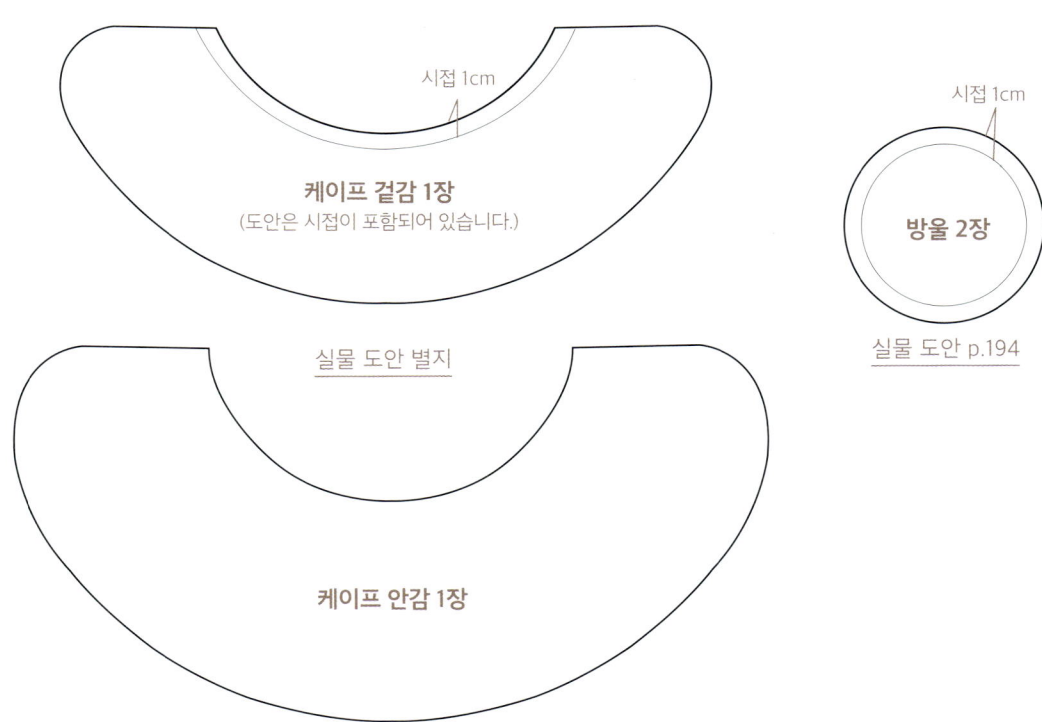

🐾 만들기

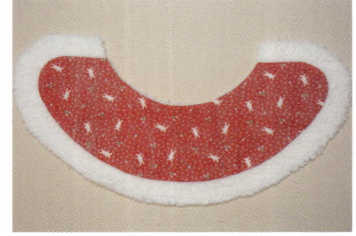

01 재단한 원단을 겉면끼리 마주보게 놓습니다(목선을 맞춰주세요).

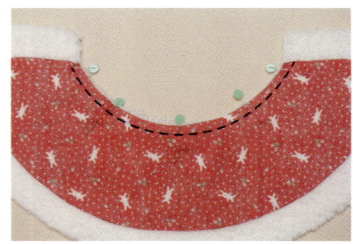

02 도안선을 따라 홈질합니다.

03 곡선 부분에 가위집을 내줍니다.

04 홈질한 곳 기준으로 원단을 뒤집어줍니다.

05 안감 여유분을 두 번 접어줍니다.

06 전체적으로 여유분을 두 번 접어 시침핀으로 고정합니다.

07 접은 부분과 겉감을 공그르기 합니다.

08 앞여밈 양쪽에 리본을 박음질로 고정합니다.

09 리본 끝을 묶어놓습니다.

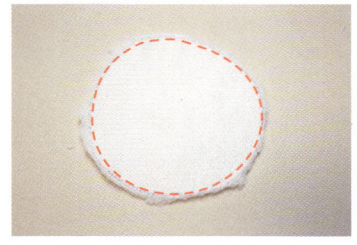

10 방울 원단을 재단한 후 도안선을 따라 홈질합니다.

11 매듭짓지 않은 상태로 원단을 주름잡아 오므려줍니다.

12 솜을 넣어줍니다.

13 리본을 넣고 입구를 오므려 매듭을 짓습니다.

14 리본을 관통하면서 꿰매 원단과 고정합니다.

15 완성! 착용 후 리본을 묶어주세요.

강아지를 위한 장난감

씹는 재미가 있는 뼈다귀

이갈이 할 시기가 되면 반려견은 잇몸이 간질간질해서 뭔가를 물어뜯고 싶어 해요.
면 끈으로 매듭을 지어 장난감을 만들어주면 재미있어 하고 이갈이 스트레스 해소도 됩니다.
사이즈는 적당하게 조정해서 만들어보세요.

완성 사이즈

17cm

준비물

면 끈(굵기 0.5cm, 길이 130cm) 4개

🎀 만들기

매듭 설명 잘 보이게 컬러 끈으로 설명합니다. 실제 사용할 끈을 선택해서 따라 만드세요.

01 시작은 끈 4개를 묶습니다.

02 끈을 4방향으로 놓습니다.

03 위쪽 끈은 왼쪽 아래로, 아래쪽 끈은 오른쪽 위로 올립니다.

04 오른쪽 끈을 왼쪽으로 접어줍니다.

05 왼쪽 끈을 오른쪽으로 접어줍니다.

06 4방향 끈을 골고루 당겨줍니다.

07 밀착되도록 꽉 당겨줍니다. 03~07과정을 계속 반복됩니다.

뼈다귀 만들기

01 끈의 한쪽 끝을 25cm 정도를 남기고 한 번 묶어줍니다.

02 매듭을 지으며 10cm 정도 길이로 만듭니다.

03 끝을 묶어 줍니다.

04 한 번 더 묶어 원하는 크기만큼 만들어줍니다.

05 끈의 끝을 묶은 줄 사이에 넣어 줍니다.

06 넣은 끈이 풀리지 않도록 여러 차례 꿰매줍니다(반대쪽도 한 번 더 묶어서 꿰매 마무리합니다).

07 완성

입맛 도는 핫도그

맛있는 핫도그 장난감이에요.
한쪽은 말랑말랑한 감촉이어서 물고 놀기 좋고,
반대쪽은 끈을 엮어서 씹으면 치아를 자극합니다.

완성 사이즈

22cm

준비물

유기농 타월지 8.5×17cm 2장, 다이마루 원단 레드 3.5×12cm 2장
면 끈(굵기 0.6cm, 길이 90cm) 2개, 딸랑이

재단하기

실물 도안 p.195

원단의 안쪽 면에 도안을 그린 후 시접을 주고 재단합니다.

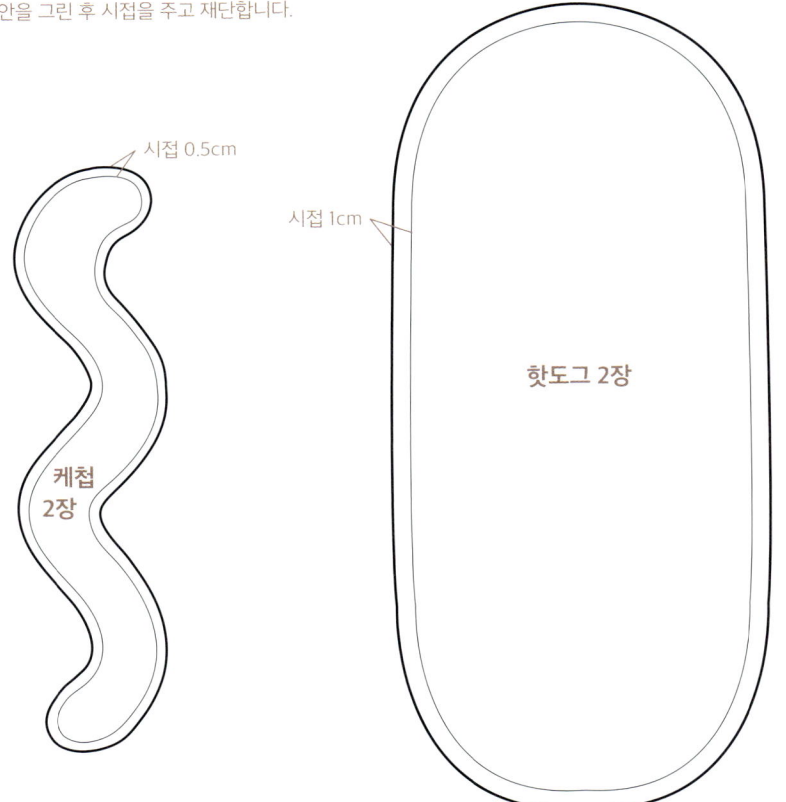

시접 0.5cm

시접 1cm

케첩 2장

핫도그 2장

🐾 만들기

손잡이 만들기

01 두 선의 중간을 겹쳐 놓습니다.

02 위쪽 끈은 왼쪽 아래로, 아래쪽 끈은 오른쪽 위로 올립니다.

03 왼쪽 끈을 오른쪽으로 접어줍니다.

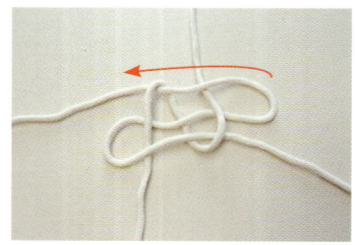
04 오른쪽 끈을 왼쪽으로 접어줍니다.

05 4방향 끈을 골고루 당겨줍니다.

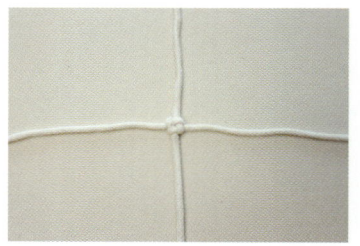
06 밀착되도록 꽉 당겨주고, 02~06 과정을 반복합니다.

빵 만들기

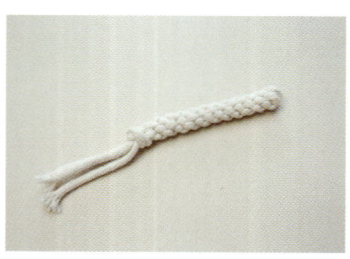
07 9cm 정도 길이까지 만들고 마지막은 한 번 묶어줍니다.

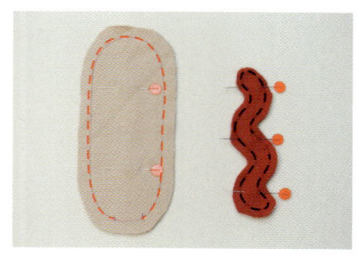
08 겉면끼리 마주보게 포개어놓고 창구멍을 제외하고 홈질합니다.

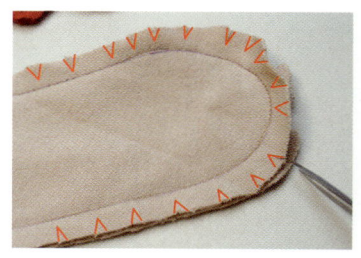
09 시접 1cm를 남기고 잘라준 후 가위집을 내줍니다.

10 뒤집어서 솜을 넣어줍니다.

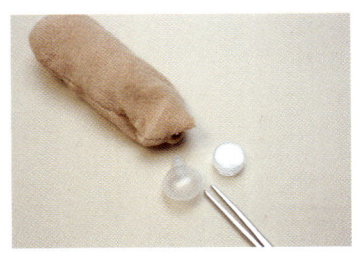

11 안에 딸랑이나 삑삑이 같은 재료를 넣어줍니다.

12 끈의 묶은 부분을 안쪽으로 넣어줍니다.

13 원단과 끈을 촘촘하게 공그르기 합니다.

14 케첩 모양도 핫도그와 같은 방법으로 만들고 창구멍을 공그르기해서 마무리합니다.

15 핫도그 위에 케첩을 올려 시침핀으로 고정합니다.

16 공그르기 합니다.

17 완성

굴려요 딸랑이 공

신나는 공굴리기 놀이~.
던지고 물어오고~ 흔들면 딸랑딸랑~ 재미있게 교감하는 공놀이.
공안에 솜이 너무 많으면 입으로 물기가 힘들어요.
솜은 말랑말랑할 정도로 적당히 넣으세요.

완성 사이즈
지름 8cm

준비물
기모 타월지 10.5×4.5cm 6장, 펠트지 4×2cm, 딸랑이

⌣ 재단하기

실물 도안 p.196

원단의 안쪽 면에 도안을 그린 후 0.5cm 시접을 주고 재단합니다.
뼈다귀 펠트지는 시접 없이 도안대로 재단합니다.

뼈다귀 1장

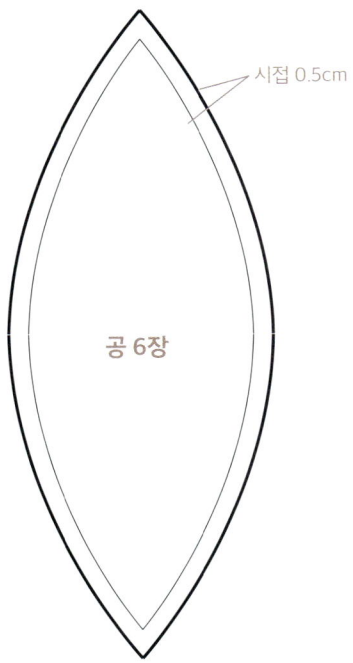

시접 0.5cm

공 6장

🐾 만들기

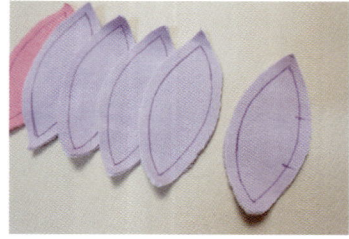

01 여섯 조각을 재단해 준비합니다. 한 장에는 창구멍을 표시합니다.

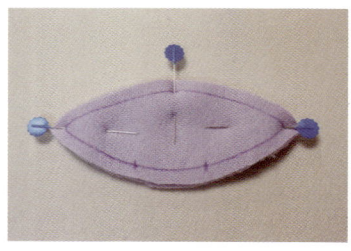

02 두 장을 꼭짓점을 맞춰서 겉면끼리 마주보게 고정합니다.

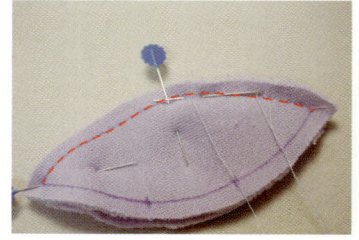

03 반박음질합니다. (시접은 바느질하지 않습니다)

04 반대쪽엔 새로운 조각을 시침핀으로 연결합니다.

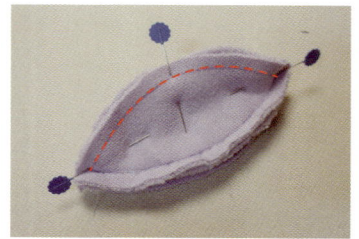

05 반박음질합니다.

06 6조각을 모두 이어주고 마지막은 창구멍을 제외하고 바느질합니다.

07 양쪽 꼭짓점은 여러 방향으로 관통하여 단단히 꿰매줍니다.

08 꼭짓점을 단단히 꿰매줘야 뒤집었을 때 구멍이 나지 않아요.

09 시접을 가위집을 내줍니다.

10 뒤집어서 솜을 넣어줍니다.

11 안에 소리 나는 딸랑이를 넣어 줍니다.

12 창구멍을 공그르기 합니다.

13 뼈다귀 모양 펠트지를 오려 아 플리케합니다.

14 완성

물어뜯는 치실 당근

말랑한 당근 장난감이에요. 긴 형태여서 입에 물기도 좋고, 끈이 달려 있어서 치실로도 사용할 수 있어요. 붉은 당근도 좋고, 흰색 무로 만들어도 좋아요. 안에 딸랑이나 삑삑이 소리 도구를 넣어 재미를 더해주세요.

완성 사이즈
끈 포함 24cm 길이

준비물
타월지 23×22cm 한 장, 면 끈(길이 24cm) 4개, 뻭뻭이

🌙 재단하기

실물 도안 p.196

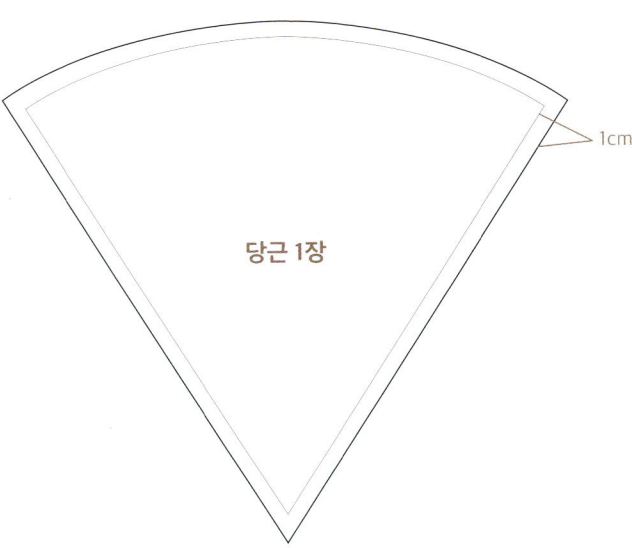

1cm

당근 1장

원단의 안쪽 면에 도안을 그린 후 1cm 시접을 주고 재단합니다.

🐾 만들기

 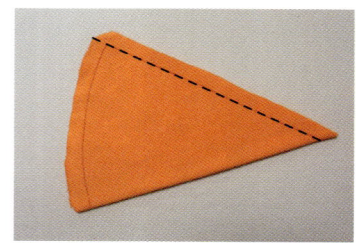 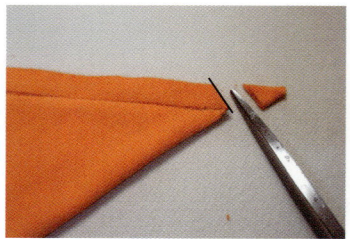

01 타월지를 재단해 준비합니다.

02 겉면끼리 마주보게 반으로 접어 반박음질합니다.

03 끝을 잘라냅니다.

  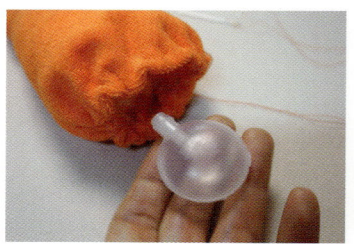

04 입구의 시접을 안쪽으로 접어놓고 가장자리에서 0.5cm 안쪽을 홈질합니다.

05 매듭짓지 않은 상태로 입구를 조금 오므린 후 솜을 넣는다.

06 삑삑이 소리 도구를 넣습니다.

07 면 끈을 24cm 길이로 4가닥으로 접은 후 가운데 부분을 실로 묶어 줍니다.

08 끈을 반으로 접어 입구 안쪽으로 넣어줍니다.

09 입구를 오므려 매듭짓고 여러 방향으로 관통해서 끈을 고정합니다.

10 끈의 길이를 원하는 만큼 자른 후 끝을 묶어 마무리합니다.

삐삐이 쿠키친구

간단하게 만들어 주는 쿠키인형이에요.
말랑말랑하게 만들어 반려견 입에 물리고 당겨주면서 교감하는 시간을 갖기 좋아요.

완성 사이즈

세로 13cm

준비물

타월지 14×15cm 2장, 물결 고무줄 15cm

재단하기

실물 도안 p.197

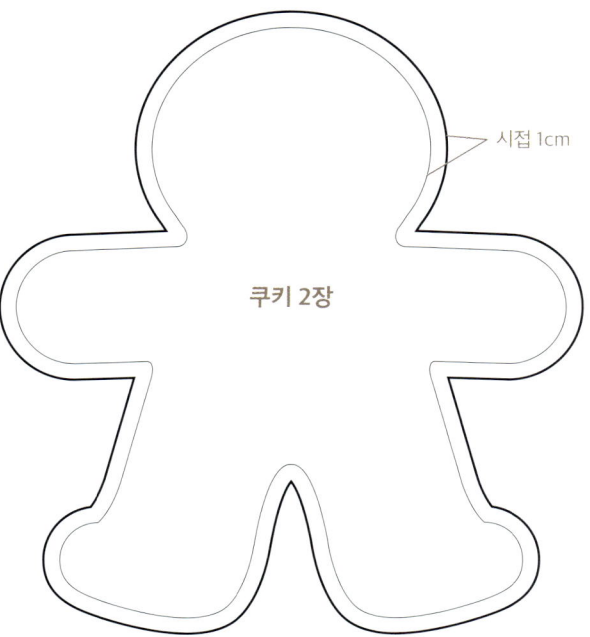

원단의 안쪽 면에 도안을 그린 후 1cm 시접을 주고 재단합니다.

🌀 만들기

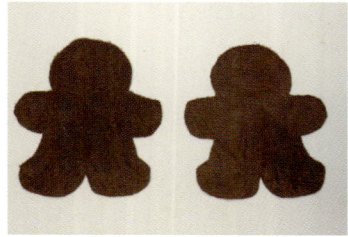

01 타월지 두 장을 재단해 준비합니다.

02 한 장의 겉면에 장식용 물결 고무줄을 꿰매어 고정합니다.

03 두 장을 겉면끼리 마주보게 포개어 창구멍을 제외하고 홈질합니다.

04 꺾어진 부분과 둥근 부분은 가위집을 내줍니다.

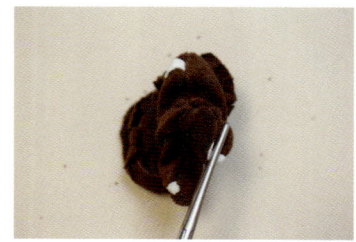

05 창구멍을 통해 뒤집어줍니다.

06 솜을 넣어줍니다.

07 창구멍을 공그르기 합니다.

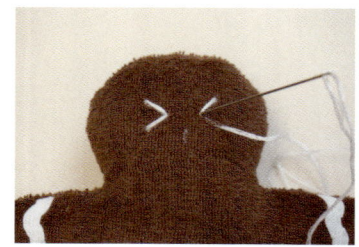

08 얼굴 표정을 스트레이트 스티치로 표현해줍니다(자수실 6겹으로 놓았어요).

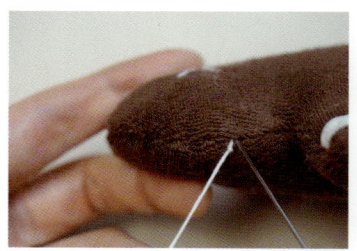

09 자수 매듭은 옆면 바늘땀 옆에 지어서 안쪽으로 감춰줍니다.

10 완성

치실 다리 바스락 오징어

바스락거리는 머리와 긴 다리가 흐느적흐느적~.
너무나 재미있게 생긴 오징어 장난감이에요.
머리를 물면 바스락, 몸을 물면 뻑뻑, 다리를 잘근잘근 씹으면 치실로.
반려견에게 즐거운 친구가 되어줄 거예요.

완성 사이즈
세로 24cm

준비물
타월지 13×16cm 2장, 면 끈(길이 150cm), 비닐, 삑삑이

재단하기

실물 도안 p.197

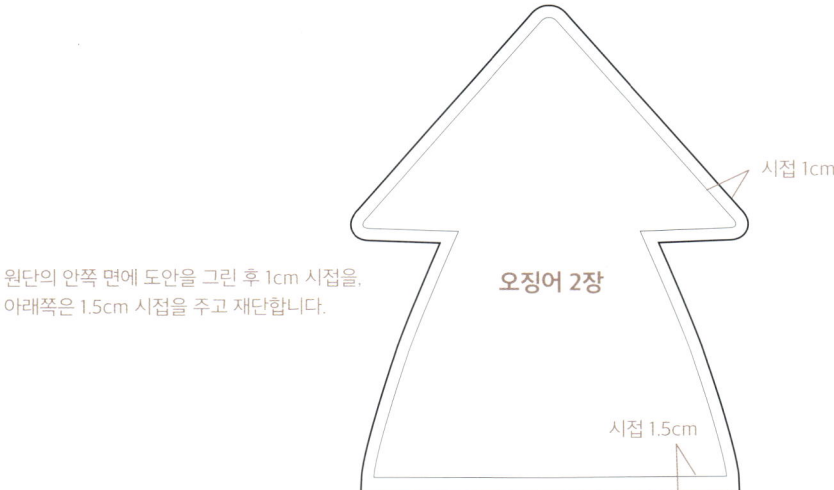

원단의 안쪽 면에 도안을 그린 후 1cm 시접을, 아래쪽은 1.5cm 시접을 주고 재단합니다.

오징어 2장

시접 1cm

시접 1.5cm

🦑 만들기

01 면 끈을 15cm로 접어서 10가닥을 만듭니다.

02 끝을 잘라놓습니다.

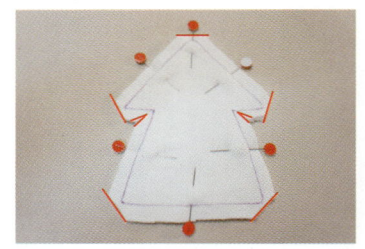

03 오징어 몸통의 겉면끼리 마주 보게 겹친 후 모서리를 잘라줍니다.

04 두 장 사이에 끈을 위로 향하게 넣어줍니다.

05 시침핀으로 고정해줍니다. 도안선 뒤에 끈이 끼지 않도록 합니다.

06 창구멍을 제외하고 반박음질합니다.

07 창구멍을 통해 뒤집어줍니다.

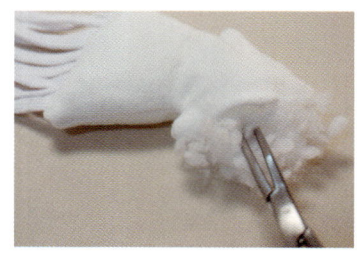

08 몸통 쪽에 솜을 넣어줍니다.

09 머리와 몸통이 나뉘도록 홈질합니다(몸 안에 소리 도구를 넣을 거면 이때 몸에 넣고 홈질합니다).

10 비닐을 머리 크기대로 잘라 준비합니다.

11 비닐을 머리에 넣어 평평하게 자리 잡아줍니다.

12 빈 공간에 솜을 조금 넣어줍니다.

13 창구멍을 공그르기 합니다.

14 끈의 끝을 묶어줍니다(끈 풀림이 방지되고 아이들도 씹는 재미가 있어요).

15 얼굴 스티치는 다리 사이에서 시작해서 매듭이 몸 안으로 감춰지게 합니다.

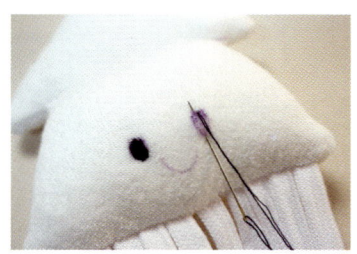
16 눈은 새틴 스티치합니다.

17 입은 백 스티치로 표현합니다.

18 완성

줄줄이 애벌레

입에 물고 흔들면 애벌레 몸이 흔들흔들~. 반려견 두 마리가 같이 물고 당기며 놀기 좋은 애벌레 장난감이에요. 몸통을 여러 개 더 연결해서 길이를 길게 조절해서 만들어도 좋아요.

완성 사이즈
길이 26cm

준비물
타월지 등 14×12cm 3장, 배 7.5×12cm 3장, 얼굴 지름 16×16cm 1장
더듬이 7×11cm 2장, 발 25×8cm 2장, 딸랑이, 삑삑이, 와이어

🌙 재단하기   실물 도안 p.198

원단의 안쪽 면에 도안을 그린 후 1cm 시접을 주고 재단합니다. 더듬이와 발은 바느질이 끝난 후에 재단합니다.

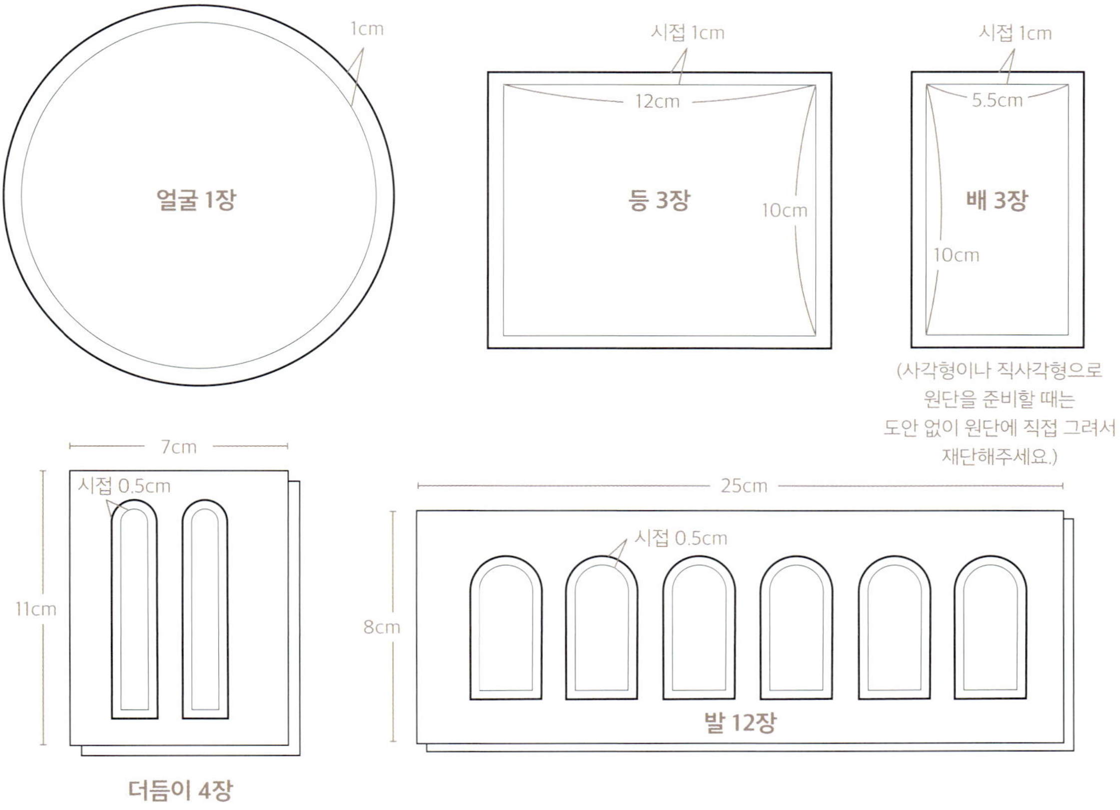

얼굴 1장 / 1cm

등 3장 / 시접 1cm / 12cm / 10cm

배 3장 / 시접 1cm / 5.5cm / 10cm
(사각형이나 직사각형으로 원단을 준비할 때는 도안 없이 원단에 직접 그려서 재단해주세요.)

더듬이 4장 / 7cm / 시접 0.5cm / 11cm

발 12장 / 25cm / 시접 0.5cm / 8cm

🐾 만들기

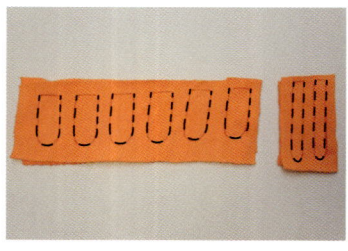

01 발과 더듬이 원단을 겉면끼리 마주보게 고정하고 홈질합니다.

02 0.5cm 여유를 두고 오려줍니다.

03 뒤집어줍니다.

04 발에 솜을 골고루 넣어줍니다.

05 애벌레 등과 배 원단을 재단합니다.

06 등 원단의 겉면에 발을 놓아줍니다.

07 배 원단을 안쪽 면이 보이게 올리고 시침핀으로 고정한 후 반박음질합니다.

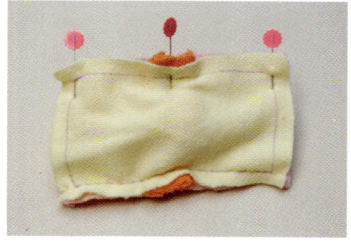

08 반대쪽도 같은 방법으로 발을 끼운 상태로 반박음질합니다.

09 뒤집어줍니다.

10 원통 한쪽을 1cm 여유를 두고 한 바퀴 빙 둘러 홈질합니다.

11 실을 잡아당겨 바짝 오므려 매듭을 짓습니다. 시접은 안쪽으로 밀어넣어 놓습니다.

12 원통의 반대쪽도 같은 방법으로 빙 둘러 홈질합니다.

13 솜을 적당량 넣어줍니다.

14 삑삑이나 딸랑이를 넣어줍니다.

15 실을 바짝 잡아당겨 오므려 매듭짓습니다.

16 만약 충분히 오므려지지 않았으면 한 바퀴 더 바느질해서 오므러주면 됩니다.

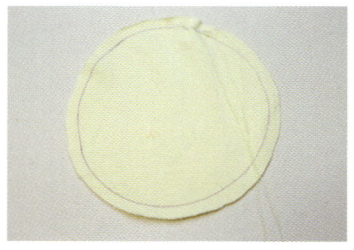
17 얼굴 원단은 도안선을 따라서 홈질합니다.

18 실을 잡아당겨 오므려서 주머니 모양을 만들어줍니다.

19 솜을 넣어줍니다.

20 실을 바짝 잡아당겨 오므려 매듭짓습니다.

21 몸과 몸을 공그르기로 연결해줍니다.

22 몸을 연달아 이어줍니다. 개수는 필요한 만큼 조정해도 좋아요.

23 얼굴도 공그르기로 연결합니다.

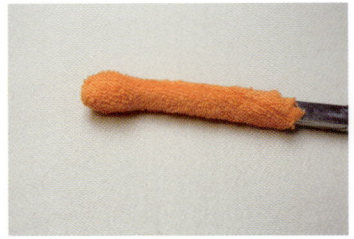

24 더듬이를 뒤집어 끝에만 솜을 조금 넣어 줍니다.

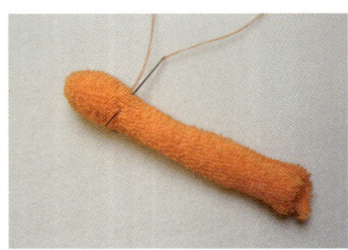

25 솜이 들어간 끝부분에 홈질을 한 바퀴한 후 매듭을 짓습니다.

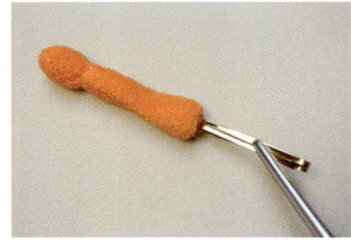

26 와이어를 넣어줍니다.

27 머리에 더듬이를 공그르기로 연결합니다.

28 눈은 씨앗수, 입은 백 스티치로 수를 놓아줍니다.

29 수 매듭은 연결 부분 쪽에 지어 감추어 마무리합니다.

30 완성

아기의 노리개 젖꼭지

반려견도 아기처럼 장난감 젖꼭지를 물고 있으면 너무나 사랑스러워요.
꼭지를 입에 물고 손잡이는 손으로 잡고 가지고 놀 수 있는 젖꼭지 장난감을 만들어주세요.
아기 같은 반려견을 만날 수 있어요.

완성 사이즈
길이 11cm

준비물
타월지 받침 11×11cm 2장, 젖꼭지 7×8cm 2장, 면 끈(길이 50cm), 4온스 퀼팅솜 11×11cm

🌙 재단하기

실물 도안 p.198

원단의 안쪽 면에 도안을 그린 후 1cm 시접을 주고 재단합니다.

시접 1cm

꼭지 2장

시접 1cm

받침 2장

만들기

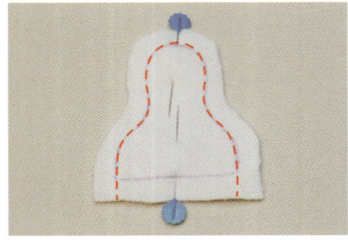

01 꼭지 원단을 겉면끼리 마주보게 포개어 놓고 홈질합니다.

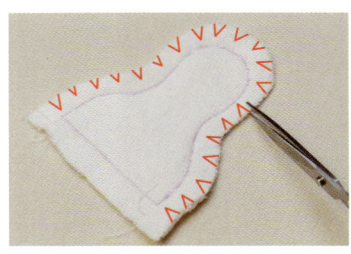

02 가위집을 내줍니다.

03 뒤집은 후 솜을 넣어줍니다.

04 창구멍을 바느질로 살짝 오므려 줍니다.

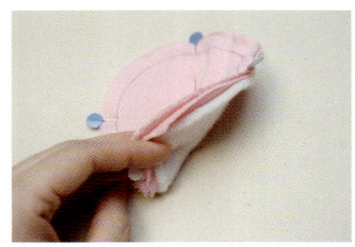

05 받침대 원단을 겉면끼리 마주보게 두고 맨 아래에 퀼팅솜을 둡니다.

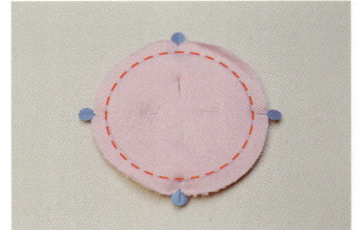

06 도안선을 따라 홈질합니다.

07 도안선에 딱 맞게 퀼팅솜 여유분을 잘라냅니다.

08 퀼팅솜 없는 쪽 원단 한 장에 창구멍을 내줍니다(두 장 모두 구멍나지 않도록 주의합니다).

09 창구멍을 통해 뒤집어줍니다.

10 받침과 꼭지의 모습이에요.

11 받침 위에 꼭지를 올려 시침핀을 고정합니다.

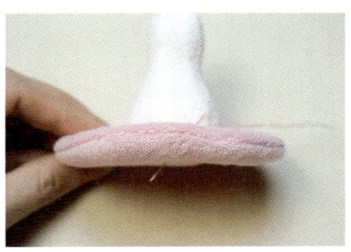

12 꼭지와 받침을 공그르기로 연결합니다.

13 공그르기 할 때 받침은 퀼팅솜과 아래 원단까지 완전히 통과해주세요. 그래야 튼튼하게 연결이 됩니다.

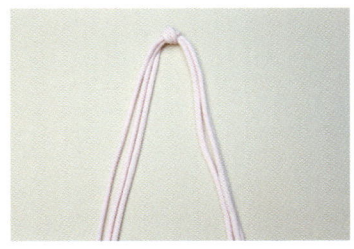

14 끈의 가운데를 묶어줍니다(끈은 원하는 굵기 3줄로 해도 좋고, 가는 줄 여러 겹으로 해도 좋습니다).

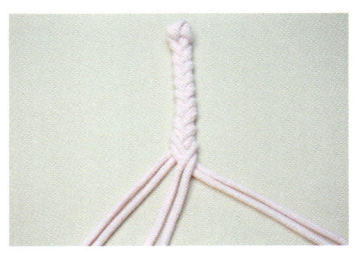

15 양쪽 줄을 가운데로 옮기는 땋기 방법을 반복합니다.

16 원하는 길이만큼 땋은 후 마지막은 묶어서 마무리합니다. 남은 부분은 잘라줍니다.

17 매듭의 양쪽을 받침대에 공그르기로 튼튼하게 연결합니다.

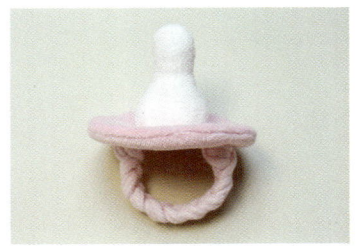

18 완성

굴려 찾는 간식 공

사료나 간식을 구멍에 넣어놓고 공을 굴리면서 찾아 먹을 수 있는 장난감이에요.
손으로 굴리고 코로 킁킁거리면서 간식을 찾아 먹는 모습을 보면 너무 뿌듯하네요.
반려견의 성향에 따라 간식을 넣는 곳을 여러 군데 만들어 난이도를 조절해서 만들어보세요.

완성 사이즈
끈 제외 길이 18cm

준비물
기모 타월지 옆면 40×16cm 1장, 바닥 14×14cm 2장, 사각 7.5×7.5cm 2장, 원 8×8cm 3장, 면 끈(길이 30cm) 4개, 딸랑이

재단하기

실물 도안 p.199

원단의 안쪽 면에 도안을 그린 후 공 옆면과 바닥에 1cm 시접을 주고, 덧붙이는 원단은 시접 없이 재단합니다.

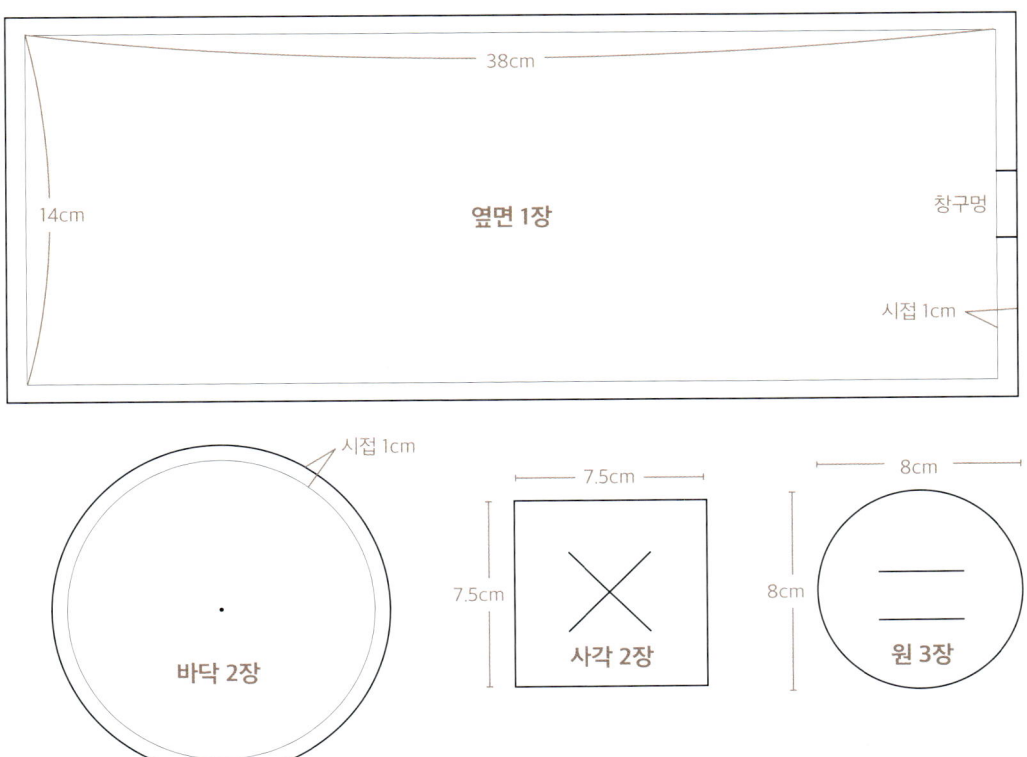

🌙 만들기

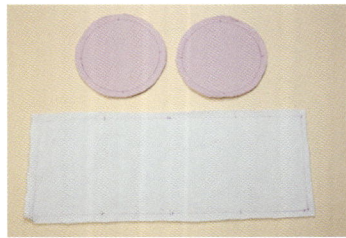

01 원통을 만들 원단을 재단합니다.

02 직사각 원단을 반으로 접은 후 창구멍을 제외하고 반박음질합니다.

03 원기둥 한쪽에 뚜껑 원단을 고정한 후 반박음질합니다.

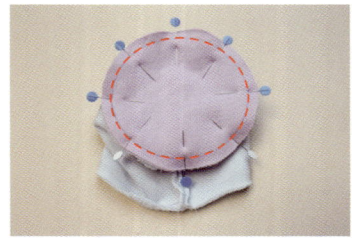

04 도안선을 따라 반박음질합니다.

05 반대쪽 뚜껑도 같은 방법으로 연결합니다.

06 창구멍을 통해 뒤집어줍니다.

07 뚜껑의 가운데에 송곳이나 가위로 작게 구멍을 냅니다.

08 면 끈 여러 가닥을 창구멍을 통해 뚜껑의 구멍으로 빼줍니다.

09 끈의 반대쪽도 다른 쪽 뚜껑의 구멍으로 빼줍니다.

10 빠지지 않도록 끈을 모아 한 번 묶어줍니다.

11 공 안에 딸랑이를 넣어줍니다.

12 창구멍을 통해 솜을 넣어줍니다.

13 창구멍을 공그르기 합니다.

14 끈과 원단을 공그르기 해서 튼튼하게 고정해줍니다.

15 끈의 끝을 한 번씩 묶어주어 풀어지지 않도록 해놓습니다.

16 원하는 만큼 원과 사각형 원단을 재단해 준비합니다.

17 원단을 시침핀으로 고정하고 재단선 3mm 안쪽을 반박음질합니다.

18 원단의 가운데를 십자형 또는 직선으로 오려줍니다.

19 완성

노즈워크 코담요

구석구석 코로 냄새를 킁킁 맡으면서 간식을 찾아먹는 코담요에요. 간식을 너무 빨리 먹어버린다면 코담요에 넣어 하나씩 찾아먹도록 해서 속도를 조절할 수 있어요. 사료를 급하게 먹는 경우도 코담요에 줘보세요. 혼자 있을 때 분리불안을 느끼는 반려견이라면 외출 시 코담요에 사료나 간식을 넣어놓으면 찾아먹으면서 시간을 보낼 수 있어 정서 안정에도 도움이 됩니다. 냄새로 탐색하는 반려견의 본능을 충족시켜주는 담요를 재미있는 모양으로 만들어보세요.

완성 사이즈
소 사이즈, 40×40cm

준비물
폴라폴리스 전체 판 40×40cm 1장, 술 36×12cm 7장
우물 18×12cm 4장, 사각 21×7cm 1장, 동굴 14×10cm 4장
미끄럼 방지 퀼팅패드 42×42cm 1장

재단하기

실물 도안 p.200

원단 안쪽면에 도안을 그린 후 도안대로 재단합니다.

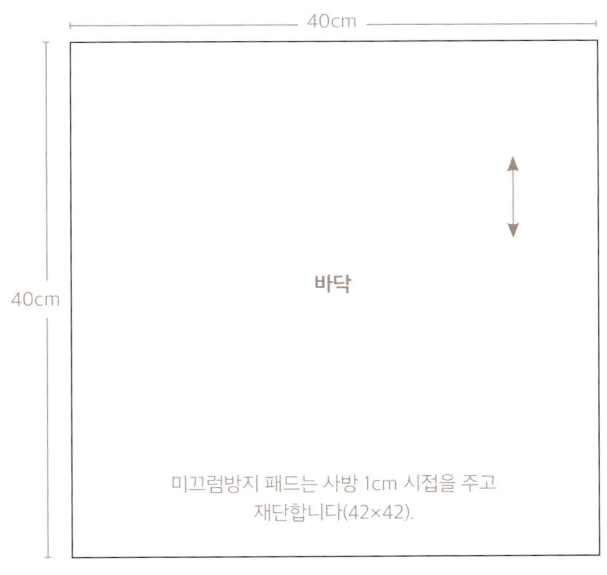

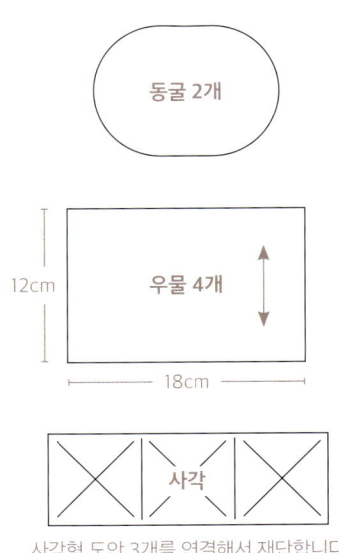

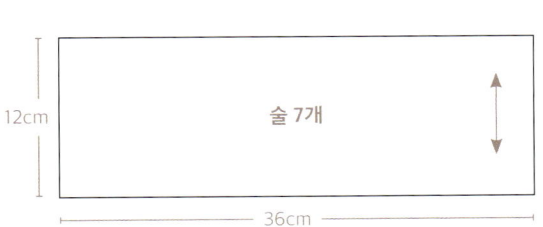

사각형 도안 3개를 연결해서 재단합니다.

(사각형이나 직사각형으로 원단을 준비할 때는
도안 없이 원단에 직접 그려서 재단해주세요.)

🐾 만들기

01 전체 판 원단을 재단해 준비합니다.

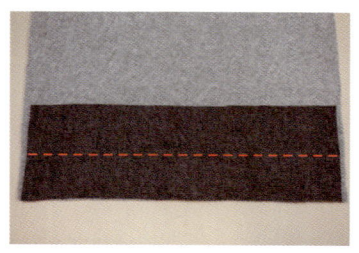

02 술 원단을 하단에 펼쳐놓고 가운데를 박음질합니다.

03 바느질한 선을 기준으로 반을 접어줍니다.

04 다음 술 원단을 2.5cm 위에 같은 방법으로 박음질해줍니다.

05 술 원단을 모두 박음질해줍니다.

06 1.5cm 간격으로 잘라줍니다(이전에 박음질한 실이 끊기지 않게 주의합니다).

07 술을 모두 잘라줍니다.

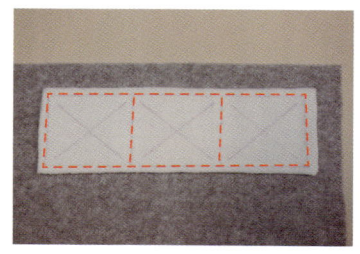

08 21×7cm 원단을 올려놓고 선대로 박음질합니다.

09 가운데를 X자형으로 오려놓습니다.

10 동굴 원단을 재단해 준비합니다.

11 반으로 접어줍니다.

12 판 원단 위에 둥근 부분을 시침 핀으로 고정합니다.

13 둥근 부분을 박음질합니다.

14 우물 원단을 반으로 접어 준비합니다.

15 박음질해서 원통형으로 만듭니다.

16 끝을 맞춰서 반으로 접어줍니다.

17 원단을 상하로 모두 관통해서 꿰매어 고정합니다.

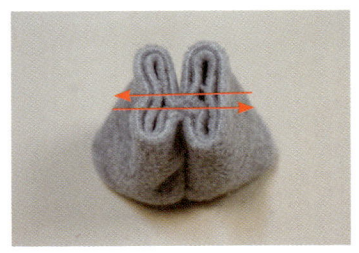

18 원단을 좌우로 모두 관통해서 꿰매어 고정합니다.

19 상하, 좌우 꿰매준 모습입니다.

20 꿰맨 부분이 안으로 들어가게 원단을 뒤집어줍니다.

21 바닥 쪽은 사진과 같은 모양이 됩니다.

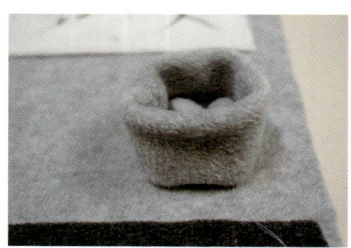

22 전체 판에 올려 둘레를 공그르기로 고정합니다.

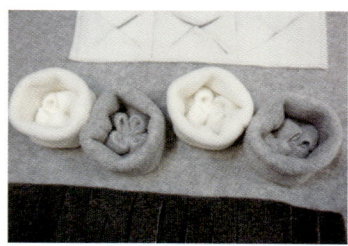

23 같은 방법으로 여러 개 만들어 고정해줍니다.

24 전체적으로 배열된 모습이에요 (개수나 위치는 자유롭게 정하세요).

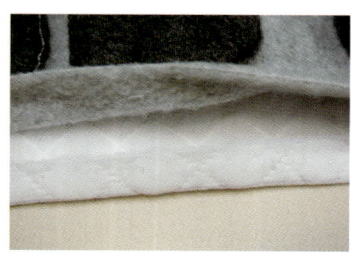

25 미끄럼방지 원단의 시접을 안쪽으로 접어줍니다.

26 앞장과 미끄럼 방지 원단을 포개어줍니다.

27 재단선 0.5cm 안쪽으로 박음질합니다.

28 전체 테두리를 모두 박음질합니다.

29 바닥은 사진과 같은 모습으로 마무리됩니다. 완성!

강아지를 위한 소품

간편하게 미니 품백

반려견과 외출할 때는 배변봉투가 꼭 필요하죠. 봉투를 담아놓고 한 장씩 빼서 쓸 수 있는 파우치예요.
가방에 어지럽게 돌아다니지 않게 파우치에 넣고 다니면 항상 깔끔하게 정리가 된답니다.
지퍼를 열어 봉투를 여러 장 넣고 구멍을 통해 한 장씩 빼서 사용합니다.
사용하는 봉투 크기에 맞춰 파우치의 크기도 조정해서 만들어보세요.

완성 사이즈

가로 14cm

준비물

면 겉감 원단 16×11cm 2장, 안감 원단 16×11cm 2장,
고리 4×4cm, 뼈다귀 펠트지 10×5cm, 지퍼 18cm

재단하기

실물 도안 p.201

원단의 안쪽 면에 도안을 그린 후 퍕백은 1cm 시접을 주고, 뼈다귀와 고리는 시접 없이 재단합니다.

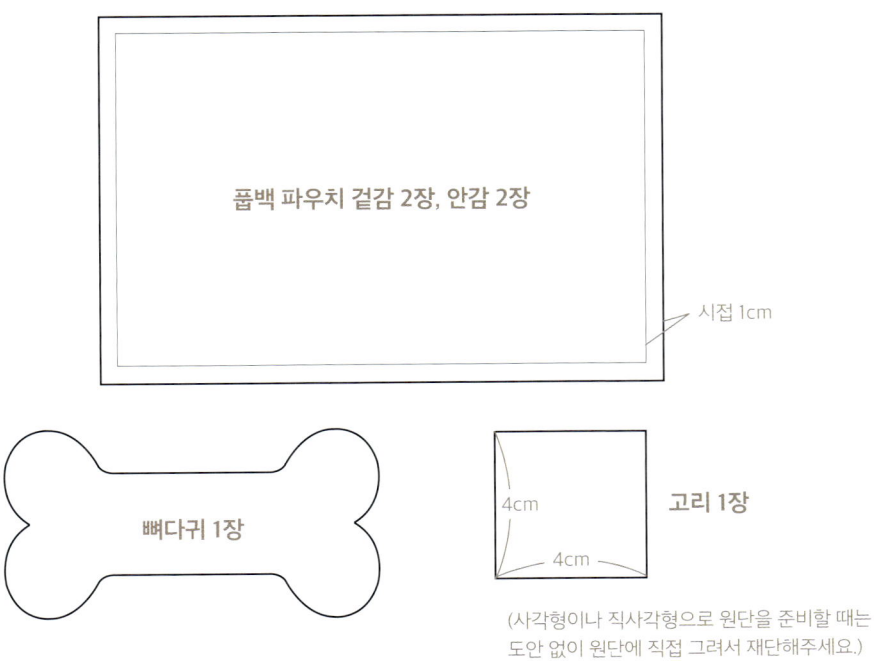

🐾 만들기

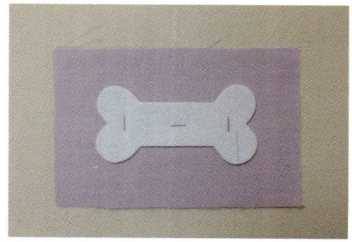

01 재단한 앞장원단에 뼈다귀 펠트지를 올려 고정합니다(펠트지를 아플리케할 때는 시침핀보다 스테이플러를 사용하는 게 더 정확하게 고정됩니다. 바느질이 끝나면 스테이플러 심은 제거합니다).

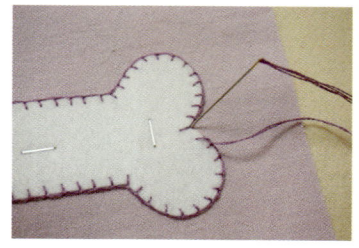

02 뼈다귀 펠트지를 아플리케합니다.

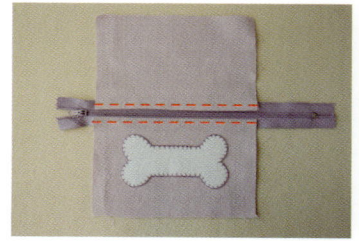

03 지퍼의 위아래로 겉감 원단의 시접을 접어놓고 박음질합니다.

04 고리 원단을 준비합니다.

05 가운데를 기준으로 위아래 각각 1cm씩 접어줍니다.

06 가운데를 기준으로 반으로 접어 박음질합니다.

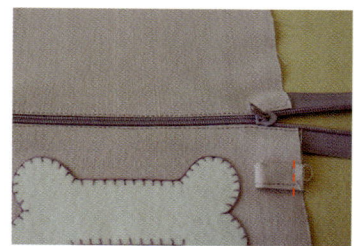

07 겉면 원단에 고리를 반으로 접어 박음질로 고정합니다.

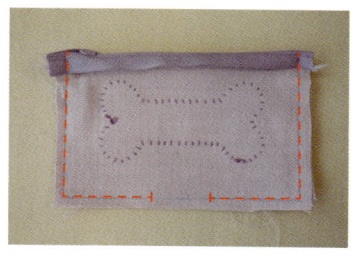

08 하단 구멍 부분을 제외하고 파우치의 3면을 홈질합니다(이때 지퍼는 조금 열어두어야 합니다).

09 모서리 시접을 잘라냅니다.

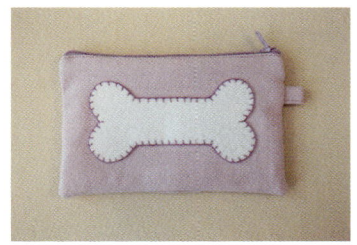

10 지퍼를 열어 뒤집어줍니다.

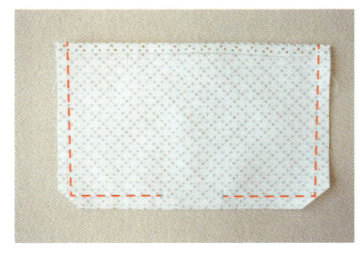

11 안감을 겉면끼리 마주보게 두고 창구멍을 제외하고 3면을 홈질하고 모서리 시접을 잘라줍니다.

12 상단, 하단 시접을 각각 바깥 방향으로 접어줍니다.

13 안감을 뒤집은 후 겉감의 안쪽에 넣어줍니다.

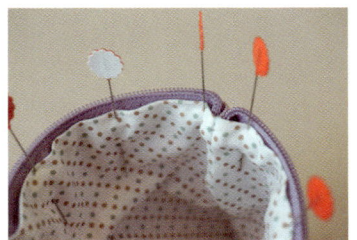

14 바느질 선을 맞춰서 시침핀으로 고정해줍니다.

15 입구의 겉감과 안감을 공그르기로 연결합니다.

16 구멍 쪽도 시접을 정리해서 겉감과 맞춰 고정합니다.

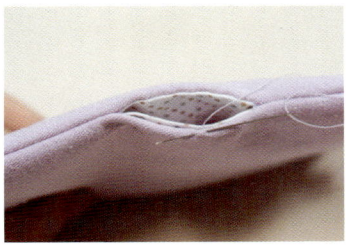

17 겉감과 안감을 공그르기로 연결합니다.

18 완성

편안하게 꽃 목보호대

몸에 상처가 있을 때 입으로 몸을 핥는 행동을 막기 위해 사용하는 목보호대예요.
꽃이 활짝 핀 모양으로 꽃 속에 반려견의 얼굴이 나와서 사랑스러워요.
안에 퀼팅솜을 넣어서 폭신하게 이용할 수 있어요.

완성 사이즈
M 사이즈

준비물
면 원단 43×21cm 2장, 5온스 퀼팅솜 43×21cm,
벨크로(폭 2cm, 길이 10cm) 한 쌍

재단하기

실물 도안 별지

시접 1cm

꽃 목보호대 2장,
퀼팅솜 1장

시접 1.5cm

원단의 안쪽 면에 도안을 그린 후
시접을 주고 재단합니다.

🌼 만들기

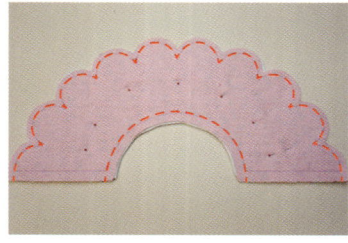  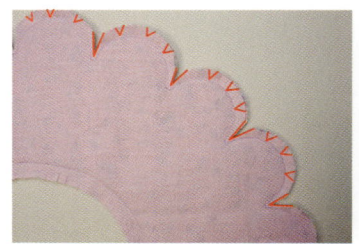

01 원단을 겉면끼리 마주보게 포개 어놓고 맨 아래에 퀼팅솜을 놓고 홈질합니다.

02 퀼팅솜을 바느질 선에 딱 맞춰 시접 부분을 잘라냅니다.

03 가위집을 내줍니다(오목한 부분을 깊게 파냅니다. 바느질 선을 자르지 않게 주의합니다).

 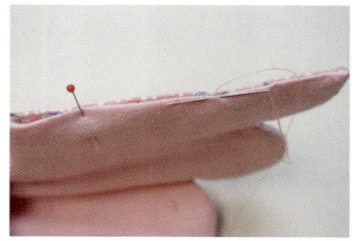 

04 창구멍을 통해 뒤집은 후 다림질합니다.

05 양쪽 창구멍을 공그르기 합니다.

06 벨크로 한 쌍을 박음질로 꿰매 고정합니다.

깔끔하게 곰 스누드

반려견이 물이나 간식을 먹을 때 귀털이 그릇에 빠져서 더러워지는 경우가 있죠.
스누드는 가벼운 원단으로 만들어 귀털 보호용으로 사용할 수도 있고,
포근한 원단으로 만들어 방한용으로도 사용할 수 있어요.

완성 사이즈
M 사이즈, 둘레 30cm

준비물
거즈 원단 스누드 48×26cm 1장, 귀 6×6cm 4장, 고무줄 30cm 3개

재단하기

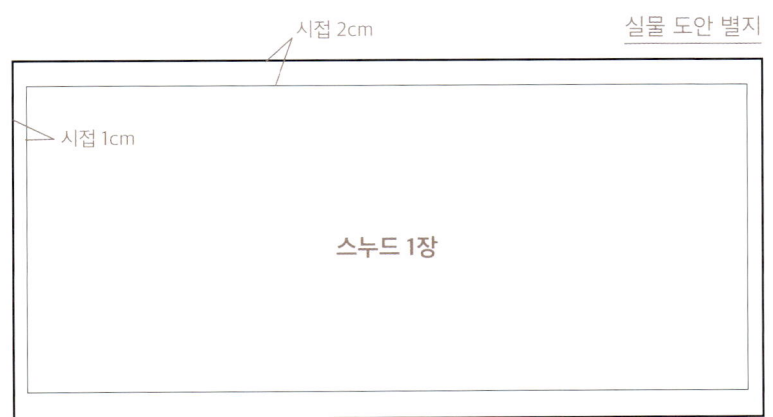

시접 2cm
실물 도안 별지
시접 1cm
스누드 1장

시접 1cm
귀 4장
실물 도안 p.201

원단의 안쪽 면에 도안을 그린 후 시접을 주고 재단합니다.

🐾 만들기

01 거즈원단을 재단해 준비합니다.

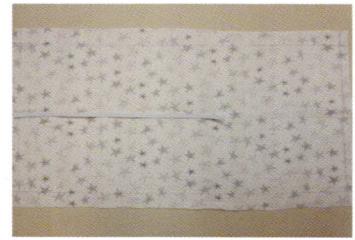

02 고무줄 30cm를 준비합니다(반려견의 머리둘레를 고려해 길이를 조절합니다).

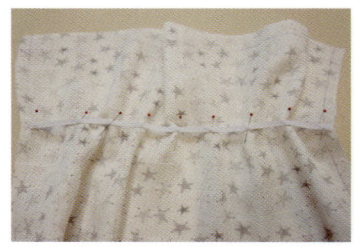

03 원단의 중간에 고무줄을 시침핀으로 고정합니다.

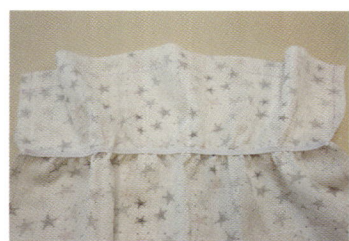

04 고무줄을 늘려가며 원단과 함께 홈질합니다.

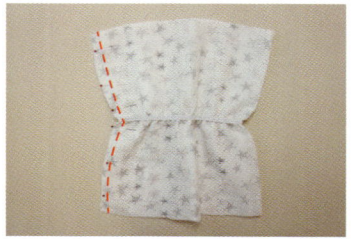

05 원단을 반으로 접어 겉면끼리 마주보게 포개 놓고 홈질합니다.

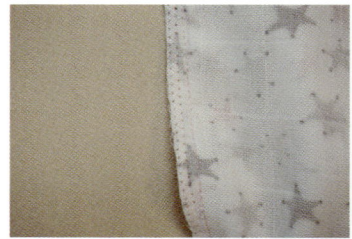

06 시접을 지그재그 재봉이나 말아박기 합니다.

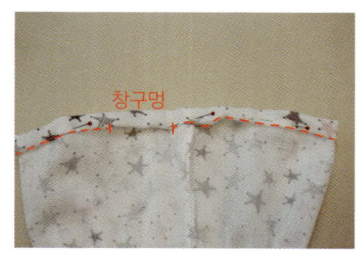

07 상단을 1cm씩 두 번 접어 2mm 위치를 홈질합니다(이때 3cm 정도 창구멍은 남겨둡니다).

08 창구멍을 통해 고무줄을 넣어줍니다.

09 양쪽 고무줄 끝을 박음질해서 연결합니다.

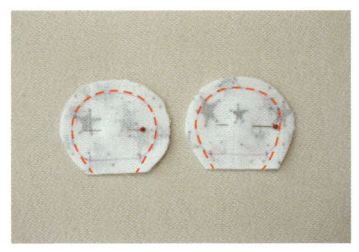
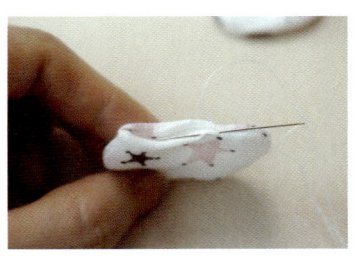

10 창구멍을 홈질해줍니다. 반대쪽도 같은 방법으로 고무줄을 넣어줍니다.

11 귀 원단을 재단하고 홈질합니다.

12 뒤집은 후 창구멍을 공그르기 합니다.

13 귀를 머리의 양쪽에 위치 잡아 공그르기로 연결합니다.

14 완성

밥 먹을 때 식탁매트

밥그릇 아래에 깔아놓는 식탁매트예요. 음식을 먹을 때나 물을 마실 때 주위에 흘리게 되죠.
이때 밥그릇 주변의 바닥을 깨끗하게 유지할 수 있고, 흘린 음식을 주워 먹을 때도
바닥보다는 매트가 더 깨끗하기 때문에 조금은 안심이 되겠죠?
방수 원단으로 만들면 위생적으로 관리하기에 좋아요.
바닥은 미끄럼방지 원단을 사용하면 밥그릇이 움직이지 않아요.

완성 사이즈
가로 58cm

준비물
방수 원단 60×40.5cm 1장, 미끄럼 방지 원단 60×40.5cm 1장

🌸 재단하기

실물 도안 별지

원단의 안쪽 면에 도안을 그린 후 시접을 주고 재단합니다.

시접 1cm

식탁매트 2장

🐾 만들기

01 원단을 재단해 준비한 후 겉면끼리 마주보게 포개어놓습니다.

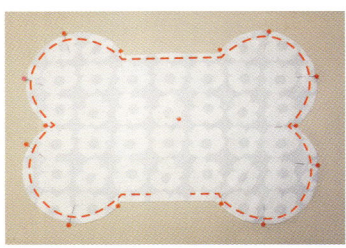

02 창구멍을 제외하고 홈질합니다.

03 곡면에 가위집을 내줍니다.

04 창구멍을 통해 뒤집어줍니다.

05 구겨진 부분은 약한 온도로 다림질합니다.

06 창구멍을 공그르기 합니다.

07 바깥쪽에서 0.5cm 안쪽으로 전체 둘레를 상침합니다.

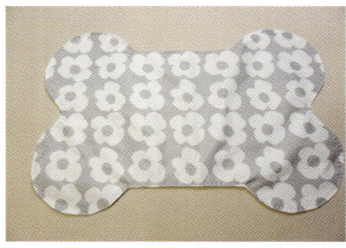

08 완성

베이직 사각 리본 방석

반려견을 키우면서 활용도가 아주 높은 것 중 하나가 방석이에요.
가장 기본 형태의 사각방석에 숨겨진 지퍼를 달아 깔끔하게 만들었어요.
여러 개 만들어 집안 곳곳에 편히 쉴 수 있도록 놓아주세요.
포인트로 리본을 하나 달아줬는데, 모서리마다 여러 개 달아도 좋아요.

완성 사이즈
50×50cm

준비물
면 원단 겉감 52×52cm 2장, 안감 원단 52×52cm 2장,
리본 52×11cm, 숨은 지퍼(콘솔지퍼) 50cm

재단하기

실물 도안 별지

원단의 안쪽 면에 도안을 그린 후 시접을 주고 재단합니다.

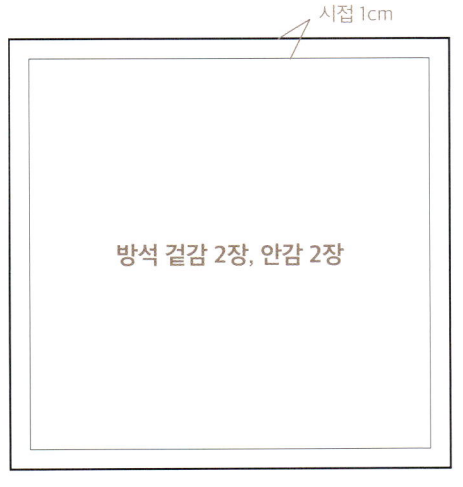

시접 1cm

방석 겉감 2장, 안감 2장

50cm
9cm 리본 1장

시접 1cm

(사각형이나 직사각형으로 원단을 준비할 때는
도안 없이 원단에 직접 그려서 재단해주세요.)

🐾 만들기

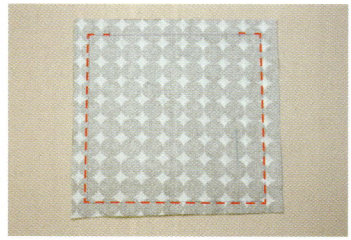

01 겉감 원단 두 장을 서로 겉면이 마주보게 놓고 지퍼 위치를 제외하고 홈질합니다.

02 모서리 시접을 잘라줍니다.

03 지퍼 쪽 양쪽 시접을 각각 바깥쪽을 향하게 다림질합니다.

04 다림질한 양쪽 시접을 각각 지그재그 재봉이나 오버로크해줍니다.

05 나머지 3면의 시접도 지그재그 재봉이나 오버로크해줍니다(두 장을 같이 해줍니다).

06 콘솔지퍼를 다림질로 펴줍니다(지퍼 쪽 접힌 부분을 펴놓으면 재봉하기 편해요).

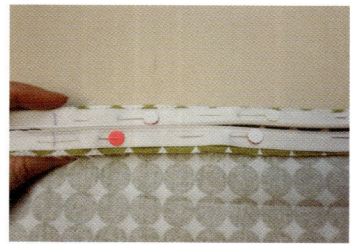

07 지퍼를 시작점을 잘 맞춰서 시침핀으로 고정해줍니다(원단의 시접 부분에 고정합니다. 뒷장까지 원단 두 장을 고정하면 안 됩니다).

08 살짝 뒤집어보면 사진과 같이 지퍼와 원단이 딱 붙어 있어야 합니다.

09 지퍼 끝부분도 원단과 맞춰 고정해둡니다.

10 지퍼 쪽에 바짝 붙여 재봉합니다.

11 위아래 지퍼를 모두 재봉합니다.

12 지퍼를 열어 뒤집어줍니다.

13 지퍼가 잘 재봉되었는지 확인하세요.

14 숨은 지퍼(콘솔지퍼)는 지퍼를 닫으면 지퍼가 감춰져서 깔끔해요.

15 안감 원단을 겉면끼리 마주보게 포개어놓고 창구멍을 제외하고 재봉합니다(도안은 겉감과 같으며 하단 10cm 정도를 창구멍으로 해줍니다).

16 네 귀퉁이 모서리 시접을 잘라줍니다.

17 창구멍을 통해 뒤집어줍니다.

18 적당량 솜을 넣어줍니다.

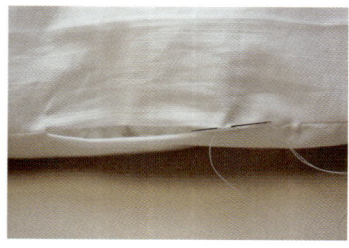

19 창구멍을 공그르기로 막아줍니다.

20 커버 안에 넣어줍니다.

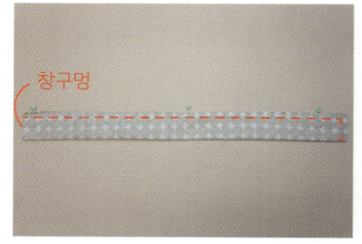

21 리본 원단을 재단해 수평으로 반을 접어 창구멍을 제외하고 재봉합니다(한 쪽 세로선을 창구멍으로 합니다).

22 모서리 시접을 잘라줍니다.

23 창구멍으로 뒤집어서 다림질합니다.

24 창구멍을 공그르기 합니다.

25 끈을 리본으로 묶은 후 방석에 공그르기로 고정합니다.

26 완성

다용도 곰 블랭킷

잠시 낮잠을 잘 때 가볍게 사용할 수 있는 곰 모양 블랭킷이에요.
차갑거나 미끄러운 곳에 앉을 땐 매트로 사용할 수도 있고 다양하게 활용하기 좋아요.
한쪽은 면으로, 한쪽은 덤블링 원단으로 만들어 온도에 따라 원하는 쪽으로 사용하세요.

완성 사이즈
45×55cm

준비물
면 원단 48.5×58cm 1장, 덤블링 원단 48.5×58cm 1장
귀, 손, 발 20×19cm 1장

재단하기

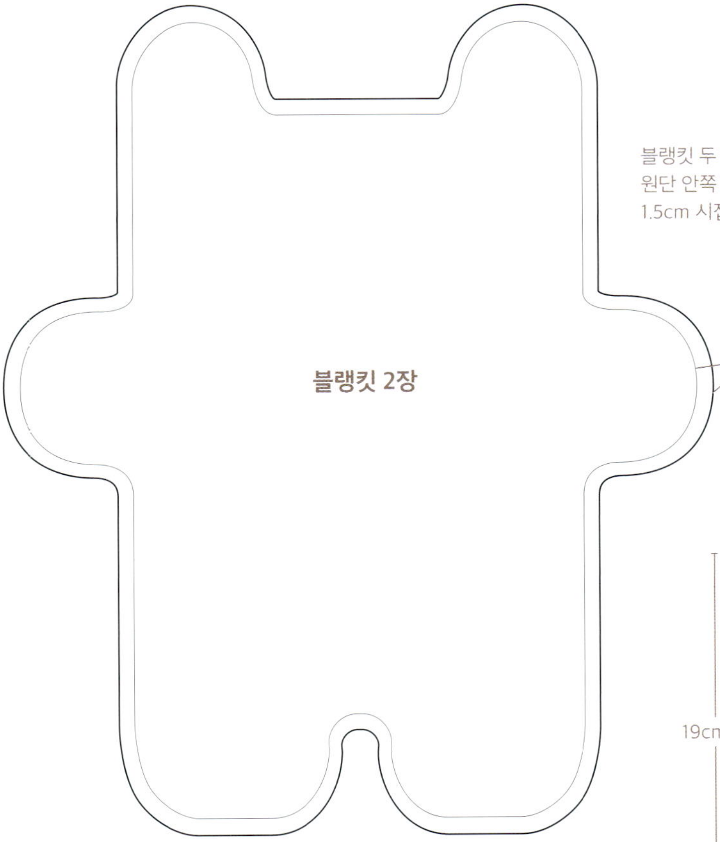

블랭킷 2장

블랭킷 두 장은
원단 안쪽 면에 도안을 그린 후
1.5cm 시접을 두고 재단합니다.

1.5cm

귀, 손, 발은 원단 겉면에 그린 후
0.5cm 시접을 두고 재단합니다.

실물 도안 p.202

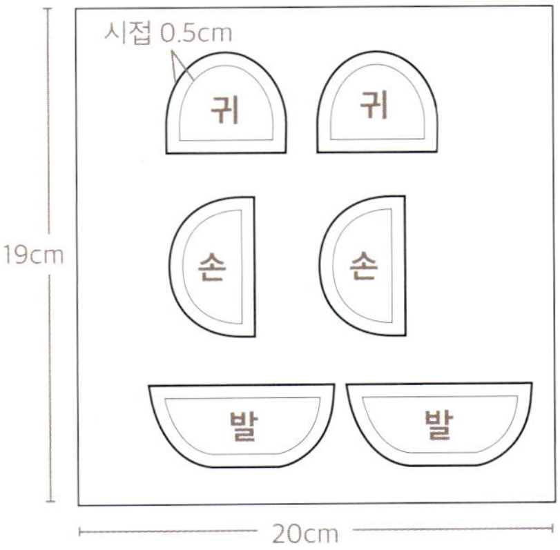

시접 0.5cm

귀 귀
손 손
발 발

19cm
20cm

실물 도안 별지

만들기

01 겉감 중 앞장을 재단해 준비합니다.

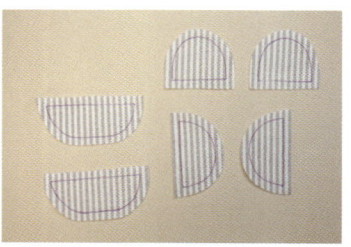

02 귀, 손바닥, 발바닥 원단을 두 장씩 재단해 준비합니다.

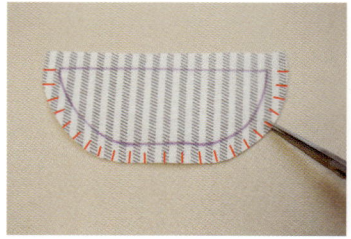

03 둥근 부분은 가위집을 내줍니다.

04 도안선을 따라 살짝 접어서 자국을 내줍니다.

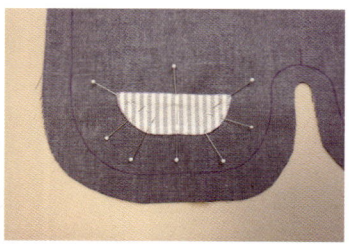

05 블랭킷 앞장 원단에 시침핀으로 고정합니다.

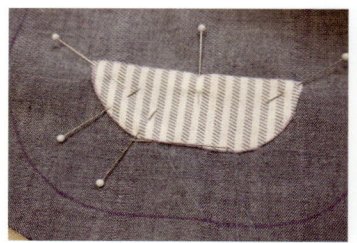

06 아플리케합니다.

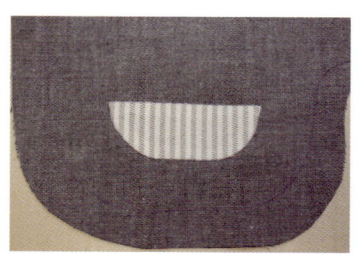

07 같은 방법으로 귀, 손바닥, 발바닥 모두 아플리케합니다.

08 얼굴 표정을 그려줍니다.

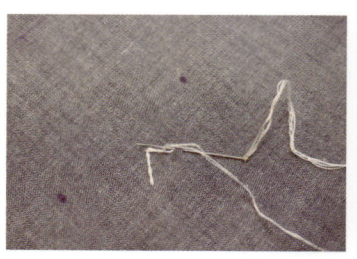

09 코를 아웃라인 스티치합니다.

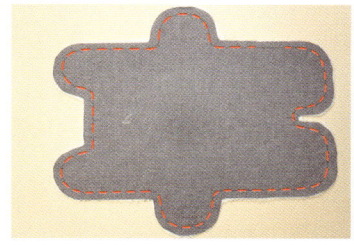

10 원단을 겉면끼리 마주보게 놓은 후 창구멍을 제외하고 홈질 합니다.

11 시접을 0.7cm 정도 남기고 잘라줍니다.

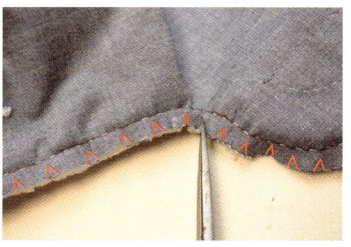

12 곡선 부분은 가위집을 내줍니다.

13 창구멍을 통해 뒤집어줍니다.

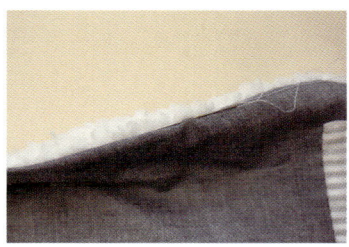

14 창구멍을 공그르기 합니다.

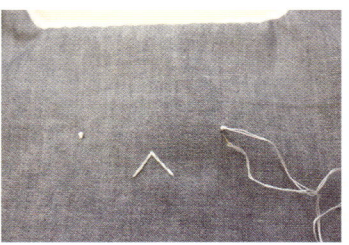

15 눈은 씨앗수를 놓습니다(블랭킷 뒷장을 같이 꿰매서 원단이 뜨는 것을 막아줍니다).

16 아플리케한 원단을 상침합니다 (블랭킷 뒷장까지 같이 꿰매줍니다).

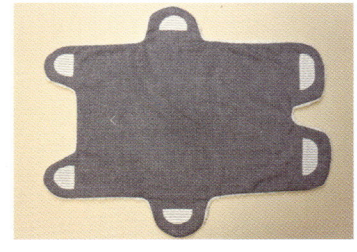

17 귀, 손바닥, 발바닥 모두 상침합니다.

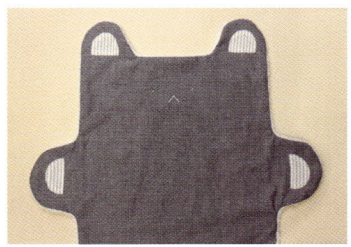

18 완성

꽥꽥 친구 오리 원형방석

오리배 모양의 원형쿠션이에요.
오리배를 타고 물 위를 떠다니는 귀여운 반려견의 모습을 상상하며 만들어보세요.
원형 테두리를 베개처럼 베고 가운데 몸을 쏙 넣으면 포근함을 느낄 수 있을 거예요.

완성 사이즈

60×60×18cm (오리머리 제외)

준비물

타월지 둘레쿠션 140×46cm 1장, 타월지 머리 78×30cm 1장,
원형 쿠션 46×46cm 2장, 부리 13×7.5cm 2장, 검정 펠트지 4×3cm 2장

재단하기

원단의 안쪽 면에 도안을 그리고 부리와 원형쿠션은 시접을 주고, 나머지는 시접 없이 재단합니다.

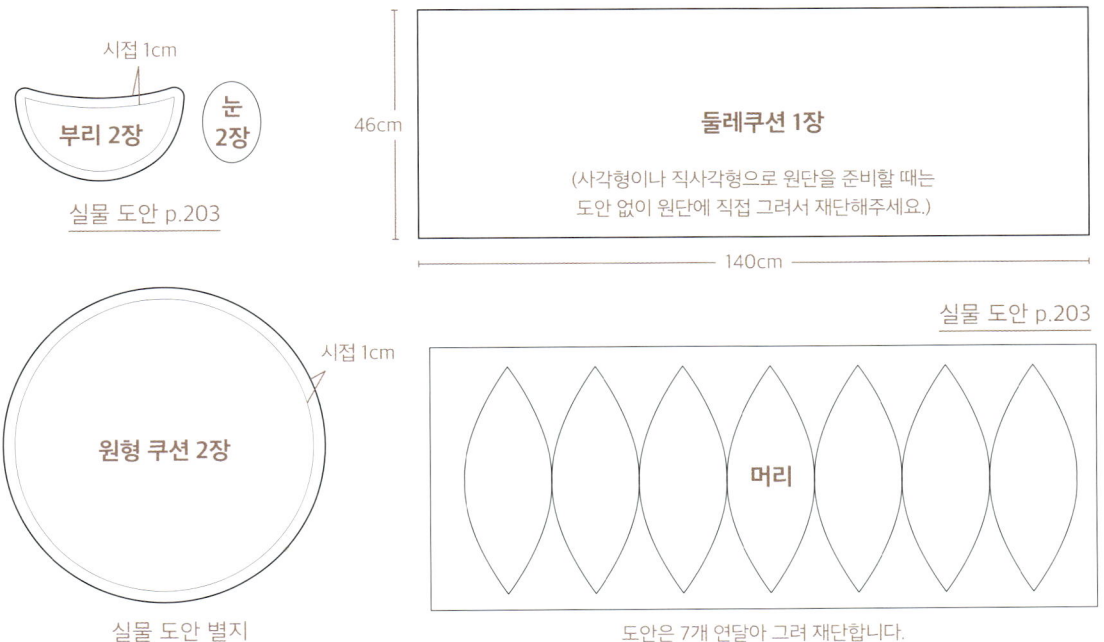

ᒎ 만들기

 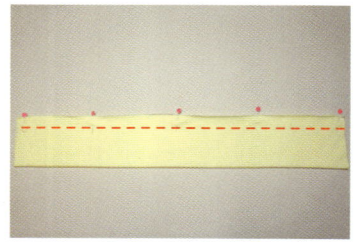 

01 둘레쿠션 원단을 재단해 수평으로 반을 접습니다.

02 1cm 시접을 남기고 가로를 반박음질합니다.

03 구멍을 통해 뒤집어줍니다.

 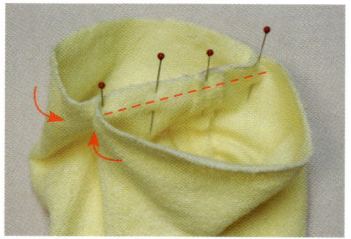 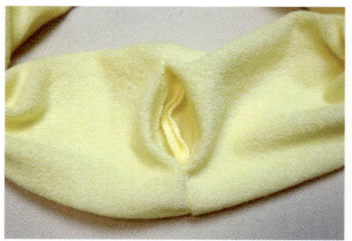

04 바느질한 곳의 시접을 가름솔하여 양쪽을 시침핀으로 고정합니다.

05 시침핀으로 고정하고 반박음질합니다. 한쪽 방향으로 시침핀을 이동하면서 바느질을 이어갑니다.

06 창구멍만 남기고 둘레를 모두 바느질합니다.

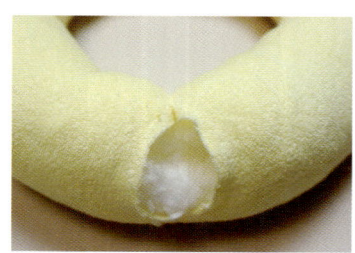  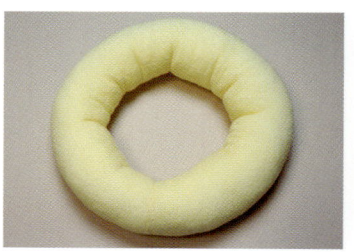

07 창구멍으로 솜을 넣어줍니다.

08 창구멍을 공그르기 합니다.

09 둘레쿠션이 완성되었습니다.

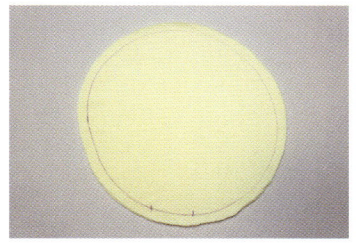

10 원형쿠션 원단을 재단해 겉면끼리 마주보게 포개어놓습니다.

11 창구멍을 제외하고 반박음질합니다.

12 뒤집어서 솜을 적당히 넣어줍니다.

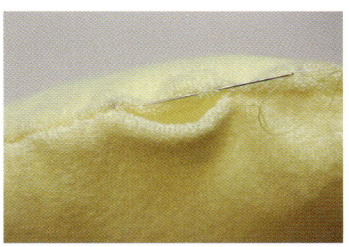

13 창구멍을 공그르기 합니다.

14 원형쿠션 완성!

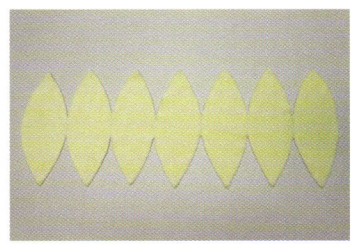

15 머리 도안을 7개 연달아 그려 재단해줍니다(가운데를 연결한 채로 그려서 재단하면 바느질할 때 고정하기가 편해요).

16 머리 조각 한 장을 접어서 옆 장과 겉면끼리 마주보게 포개어줍니다.

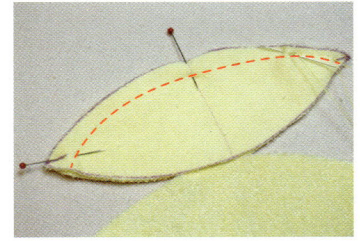

17 시침핀으로 고정한 후 시접 0.7cm를 남기고 반박음질합니다.

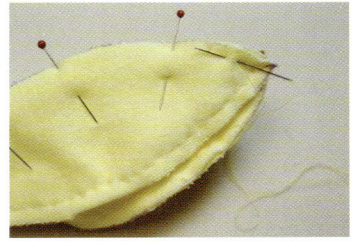

18 다음 조각도 같은 방법으로 바느질합니다.

19 마지막 장의 창구멍을 제외하고 모두 바느질해줍니다.

20 7조각의 꼭짓점을 여러 방향으로 관통하며 꿰매줍니다.

21 시접이 연결되어 있는 부분은 잘라주고, 전체적으로 가위집을 내줍니다.

22 창구멍을 통해 뒤집어줍니다.

23 솜을 넣어줍니다.

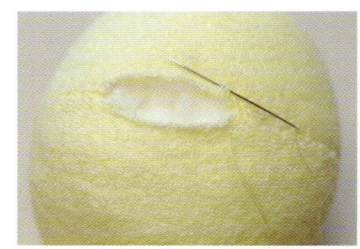

24 창구멍을 공그르기 합니다.

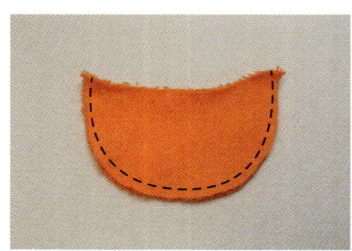

25 부리 원단을 재단해 겉면끼리 마주보게 놓고 반박음질합니다.

26 뒤집어서 솜을 넣어줍니다.

27 창구멍을 공그르기로 살짝 막아줍니다(솜이 살짝 보일 정도로 해줘야 부리 모양이 더 예뻐요).

28 얼굴에 부리의 위치를 잡아 공그르기로 고정해줍니다.

29 검은색 펠트지를 잘라 아플리케 해서 눈을 표현해줍니다.

30 얼굴 완성!

31 쿠션에 얼굴을 올려 촘촘하게 공그르기 합니다.

32 완성

러블리한 토끼 원형쿠션

가장 편안함을 느낄 수 있는 푹신한 원형쿠션이에요.
귀여움을 가미해서 토끼귀와 꼬리를 달았어요.
토끼 품에서 편히 쉬는 반려견의 모습이 사랑스럽죠?

완성 사이즈

중 사이즈, 56×56×16cm(토끼 귀 제외)

준비물

타월지 둘레쿠션 130×40cm 1장, 원형쿠션 43×43cm 2장,
귀 10×23cm 4장, 꼬리 21×21cm 1장,
밤색 펠트지 3.5×2.5cm 2장, 와이어

🐰 재단하기

원단의 안쪽 면에 도안을 그린 후 귀와 원형쿠션은 시접을 주고, 꼬리와 둘레쿠션은 시접 없이 재단합니다.

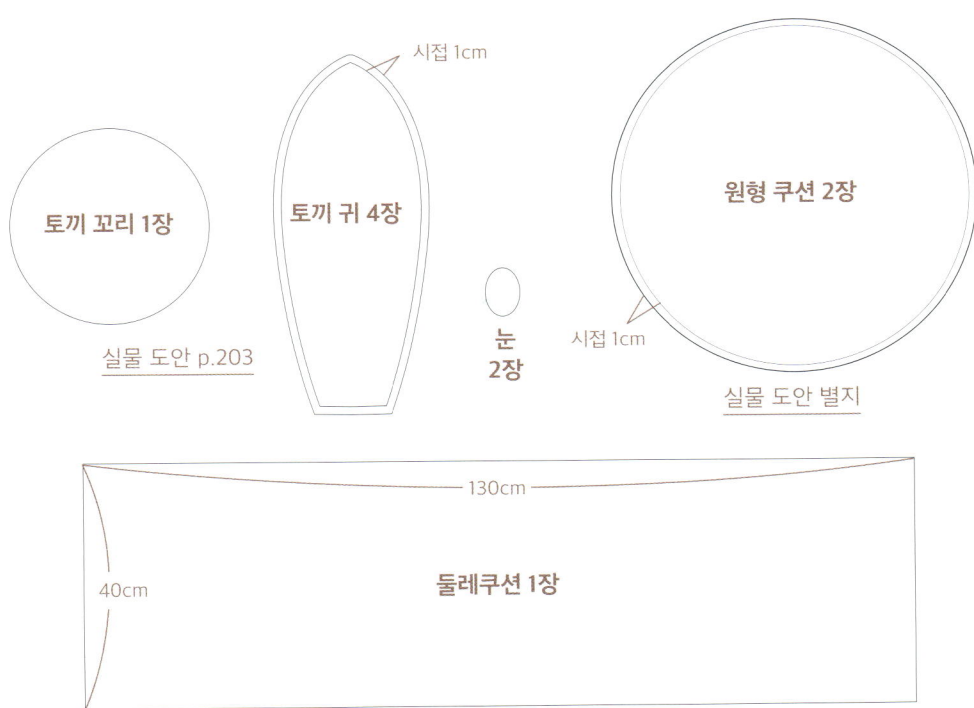

(사각형이나 직사각형으로 원단을 준비할 때는 도안 없이 원단에 직접 그려서 재단해주세요.)

만들기

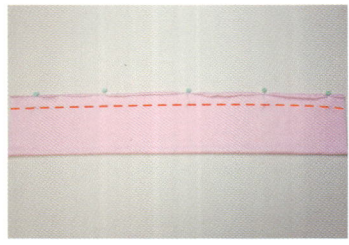

01 둘레쿠션 원단을 재단해 수평으로 반을 접은 후 반박음질합니다.

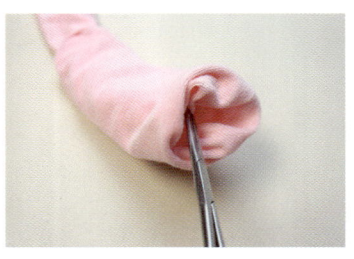

02 구멍을 통해 뒤집어줍니다.

03 양쪽 구멍을 모아줍니다.

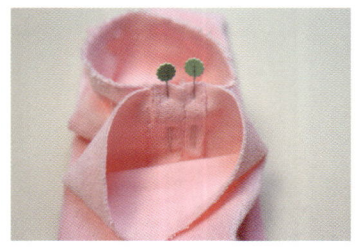

04 바느질한 곳의 시접을 가름솔 하여 양쪽을 시침핀으로 고정합니다.

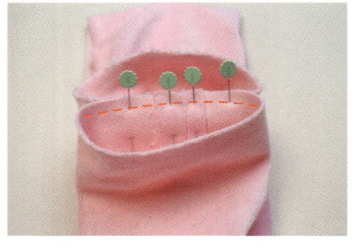

05 시침핀으로 고정하고 반박음질합니다. 한쪽 방향으로 시침핀을 이동하면서 바느질을 이어갑니다.

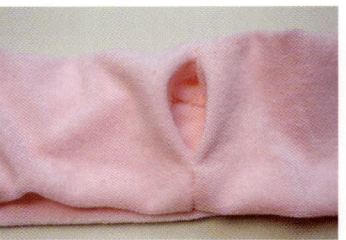

06 창구멍만 남기고 한 바퀴 다 바느질합니다.

07 창구멍으로 솜을 넣어줍니다.

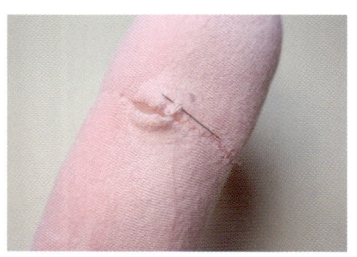

08 창구멍을 공그르기 합니다.

09 둘레쿠션이 완성되었습니다.

10 원형쿠션 원단을 재단해 겉면끼리 마주보게 포개어놓습니다.

11 창구멍을 제외하고 반박음질합니다.

12 창구멍을 통해 뒤집은 후 솜을 적당히 넣어줍니다.

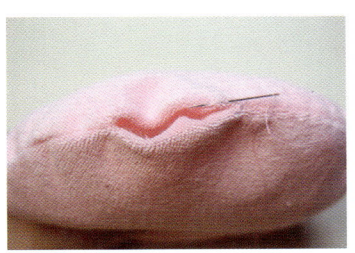

13 창구멍을 공그르기 합니다.

14 둘레쿠션 안에 원형쿠션을 넣어줍니다.

15 귀 원단을 겉면끼리 마주보게 놓고 반박음질 합니다.

16 뒤집은 후 솜을 넣어 줍니다.

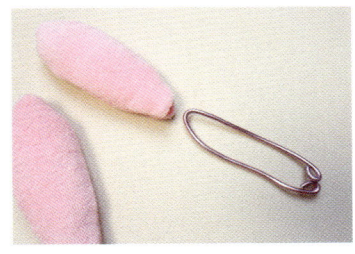

17 안에 와이어를 넣어줍니다(와이어를 넣으면 귀를 구부려서 연출할 수 있어요. 와이어는 생략해도 됩니다.).

18 창구멍의 시접을 안쪽으로 접어 놓습니다.

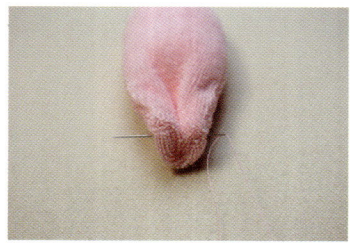

19 반으로 접어 포갠 후 관통해서 바느질해 고정합니다.

20 쿠션에 귀를 공그르기로 고정해 줍니다.

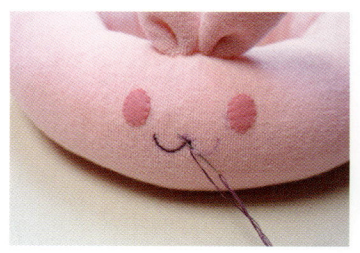

21 눈은 펠트지를 아플리케하고 입은 아웃라인 스티치합니다(자수실 6가닥 사용).

22 패브릭마카로 볼을 발그레하게 표현해줍니다.

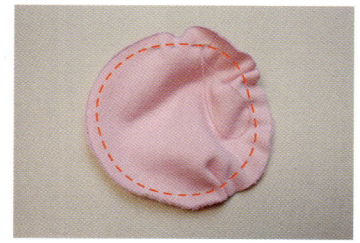

23 꼬리 원단을 재단해 1cm 안쪽에 홈질합니다.

24 실을 잡아당겨 오므린후 솜을 넣어 줍니다.

25 실을 잡아당겨 완전히 매듭짓습니다.

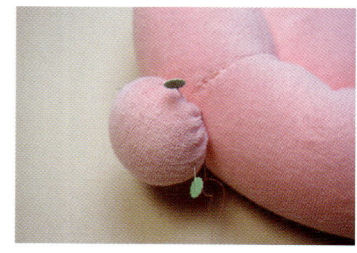

26 쿠션의 뒤쪽 가운데에 공그르기 해줍니다.

27 완성

포근하게 침낭 베드

침대에 이불이 달려 있어 침낭처럼 쏙 들어가 쉴 수 있는 침대예요.
폭신한 쿠션감과 포근한 이불 속에서 잠이 솔솔 온답니다.

완성 사이즈
지름 60cm

준비물
침대 윗면(덤블링 원단) 63×63cm 1장, 침대 바닥(폴라폴리스 원단) 63×63cm 1장,
이불 겉감(폴라폴리스 원단) 77×48cm 1장, 이불 안감(덤블링 원단) 77×48cm 1장,
옆면(폴라폴리스 원단) 191×13cm 1장, 귀(폴라폴리스 원단) 20×15cm 4장

재단하기

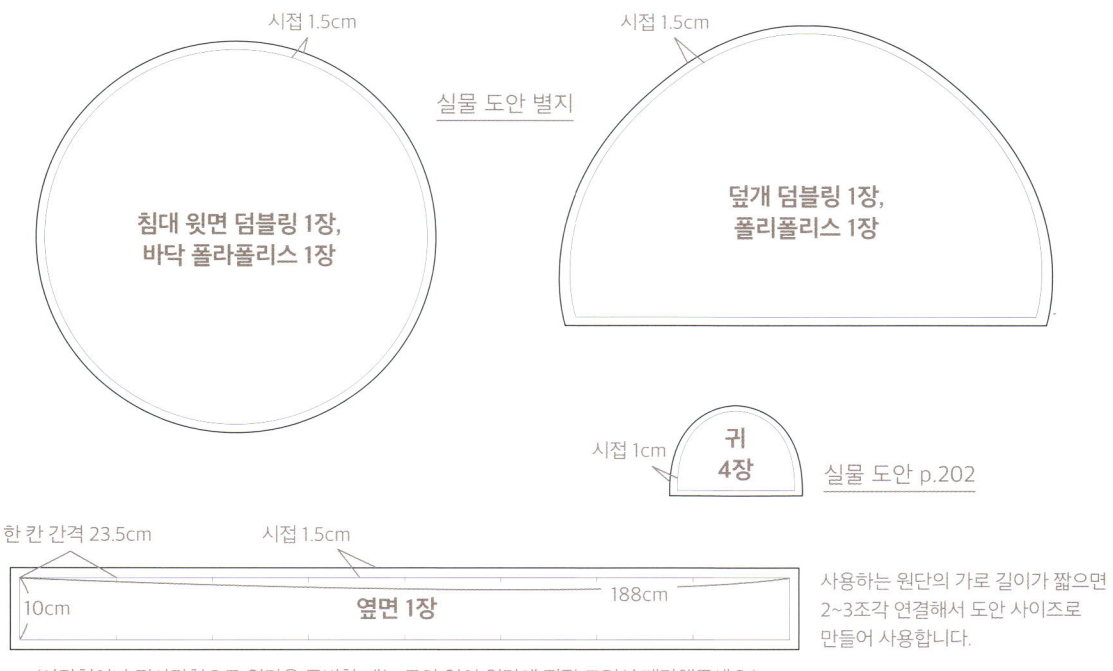

🐾 만들기

01 이불 겉감과 안감을 겉면끼리 마주보게 놓고 직선 부분을 박음질합니다.

02 겉면이 바깥으로 보이게 뒤집어 놓은 후 직선 부분을 3cm 정도 접어서 공그르기 합니다.

03 침대 윗면의 원단에 올려놓고 세 장을 함께 시침질합니다.

04 옆면용 원단 양쪽 끝을 겉면끼리 마주보게 놓고 박음질합니다.

05 윗면과 옆면을 시침핀으로 고정합니다(시접은 가름솔합니다). 고정할 때 도안에 있는 선을 표시해놓고 맞추면 적당한 간격을 만들 수 있어요.

06 둘레를 박음질합니다.

07 바닥도 옆면과 고정하고 창구멍을 제외하고 박음질합니다.

08 창구멍을 통해 뒤집습니다.

09 솜을 넣어줍니다.

10 창구멍을 공그르기 합니다.

11 귀 원단을 겉면끼리 마주보게 포개어놓고 박음질합니다.

12 뒤집어줍니다(말랑말랑한 느낌을 주고 싶으면 안에 솜을 조금 넣어줍니다).

13 창구멍 시접을 안쪽으로 접어놓고 공그르기 합니다.

14 귀를 이불에 시침핀으로 고정해놓고 공그르기로 연결합니다.

15 완성

 실물도안

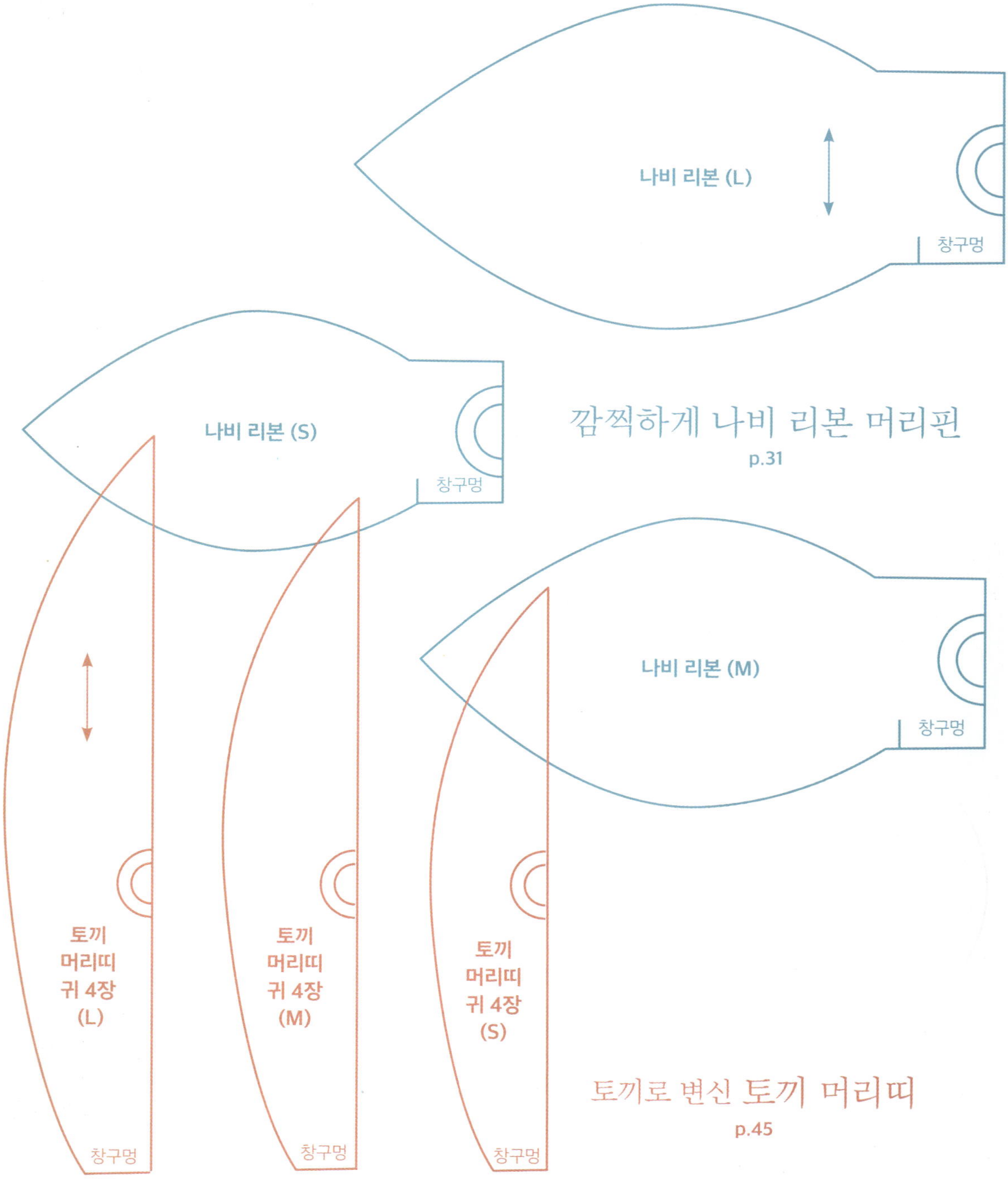

나비 리본 (L)
창구멍

나비 리본 (S)
창구멍

깜찍하게 나비 리본 머리핀
p.31

나비 리본 (M)
창구멍

토끼 머리띠 귀 4장 (L)
창구멍

토끼 머리띠 귀 4장 (M)
창구멍

토끼 머리띠 귀 4장 (S)
창구멍

토끼로 변신 토끼 머리띠
p.45

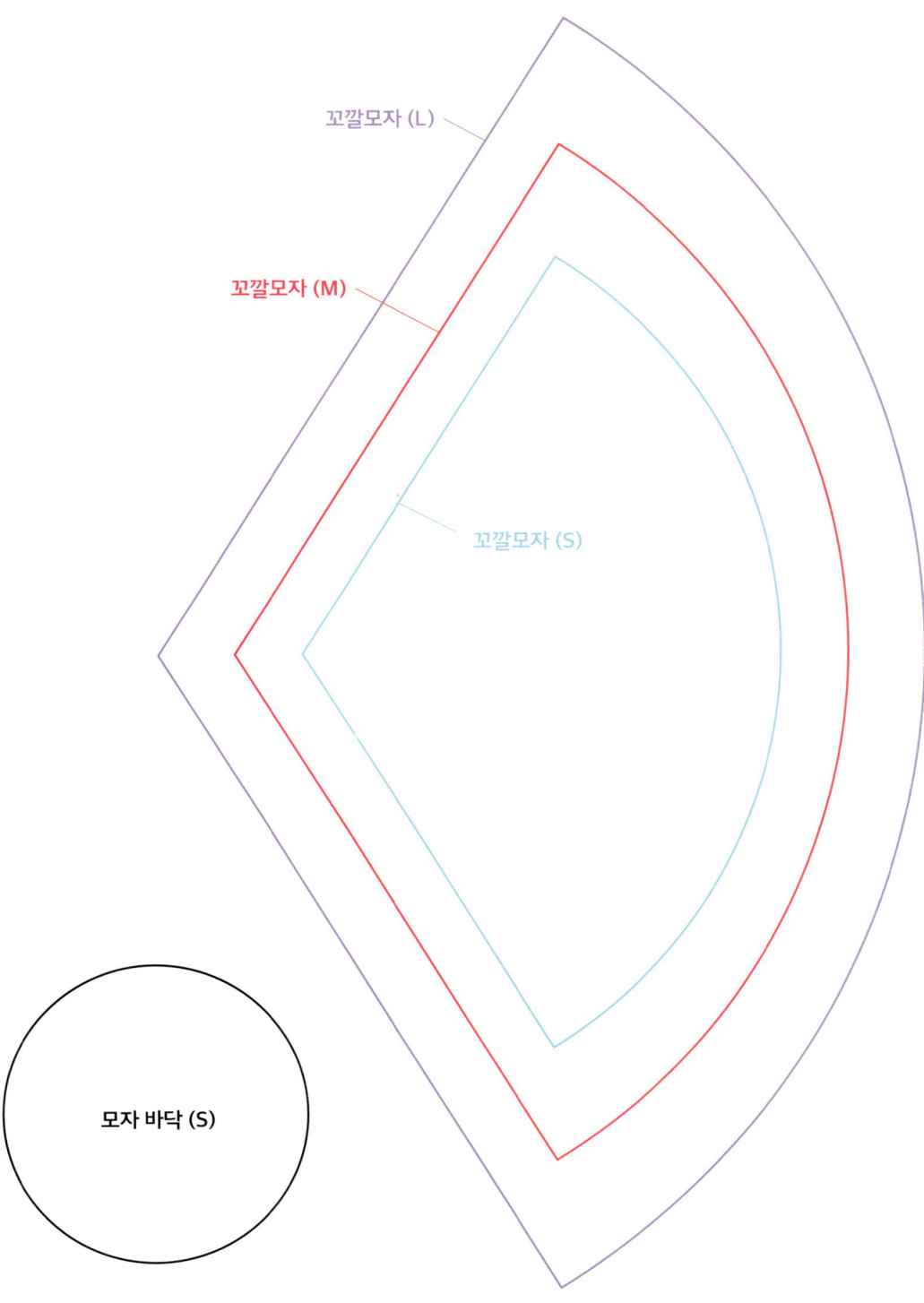

파티에서는 블링블링 고깔 머리핀
p.35

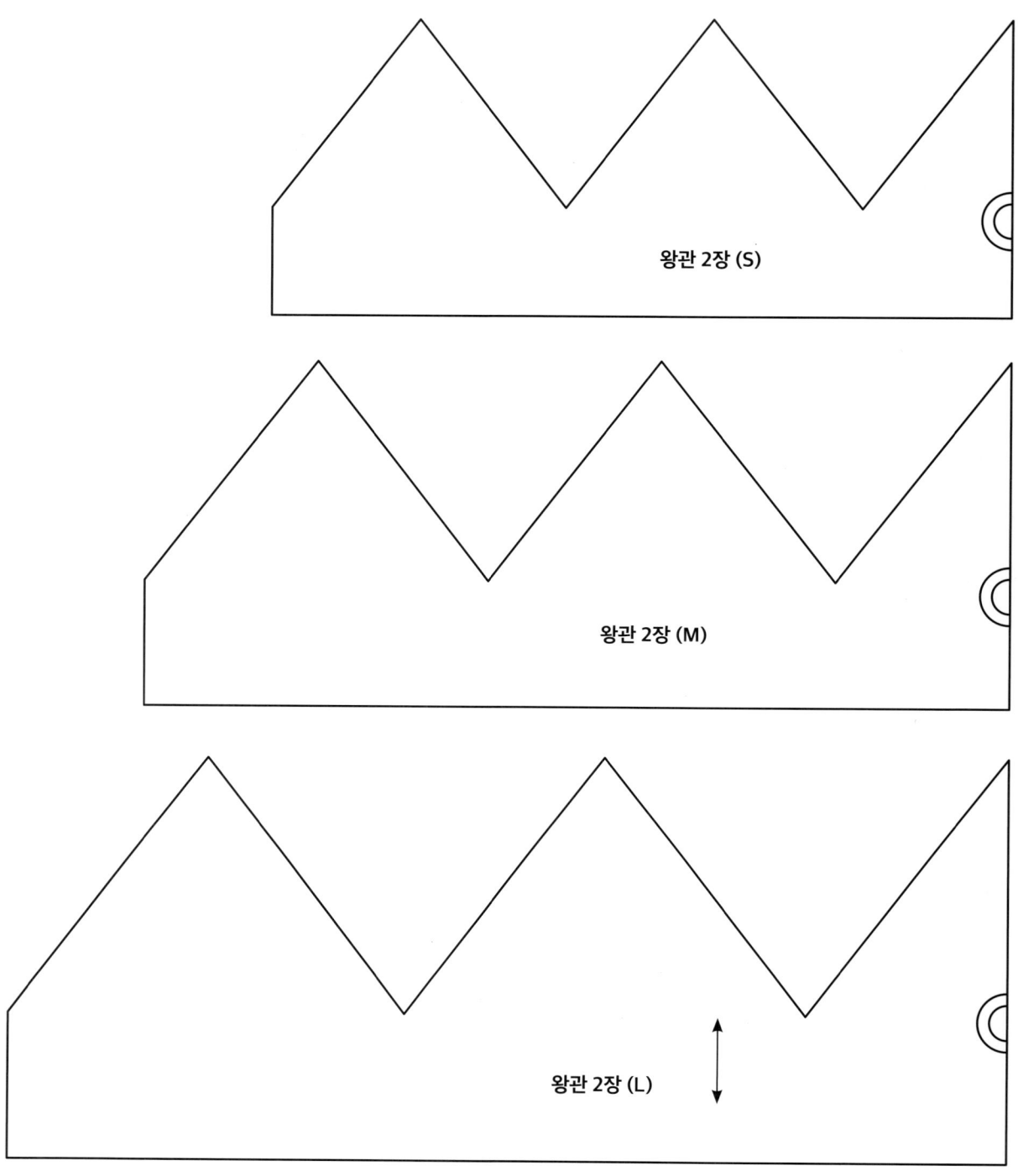

왕이 되는 왕관
p.41

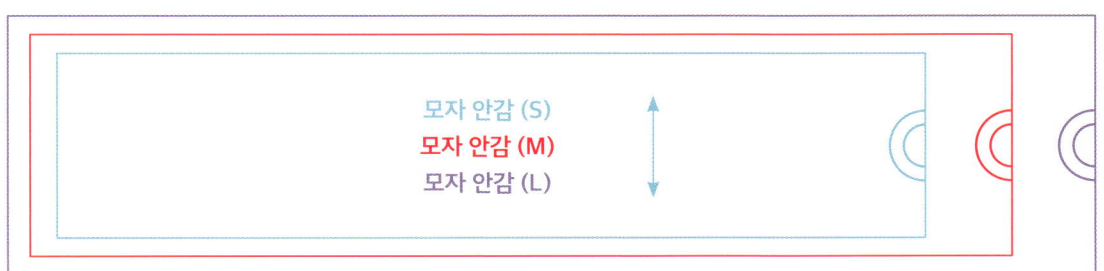

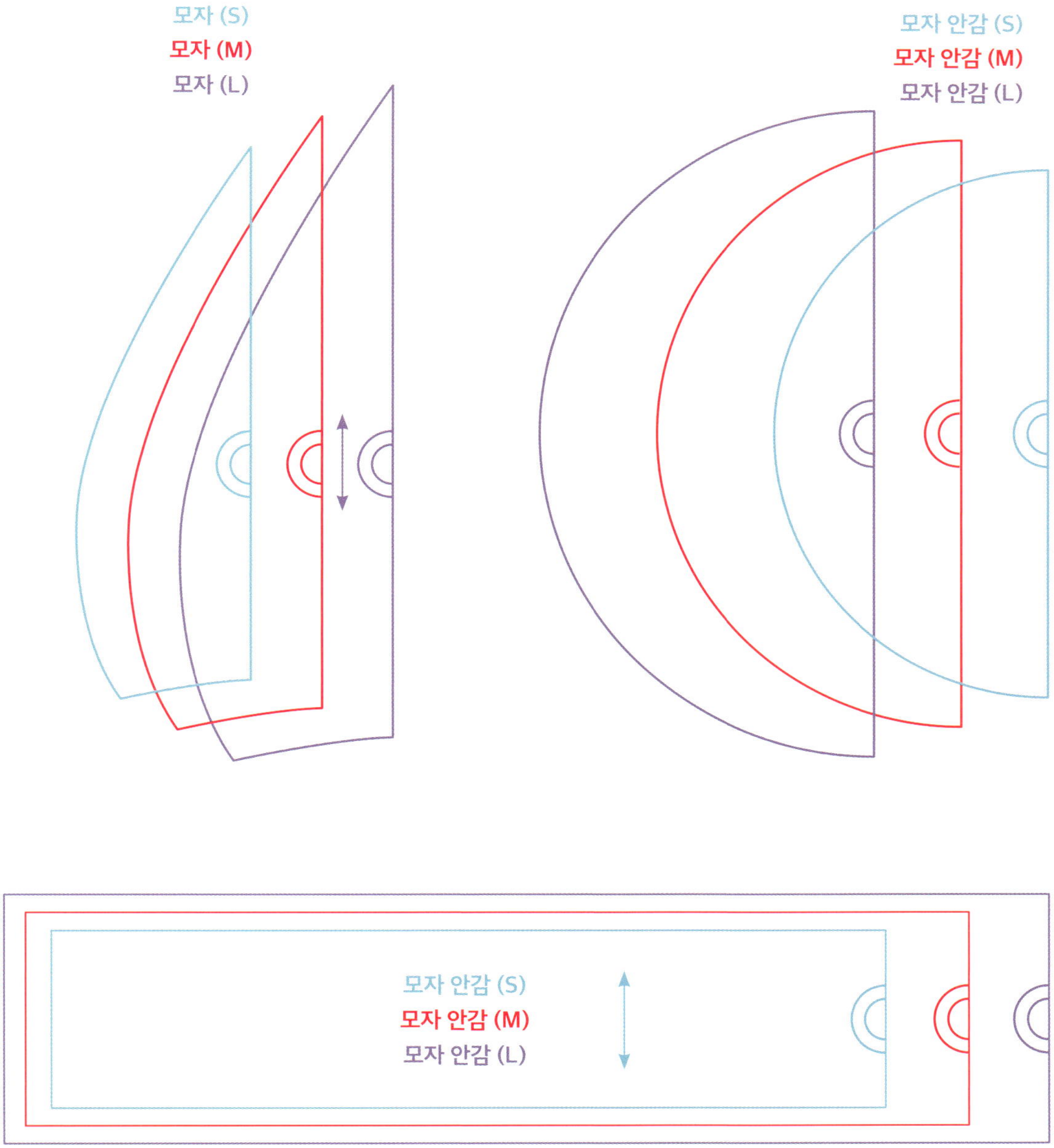

패셔니스타 털방울 빵모자
p.49

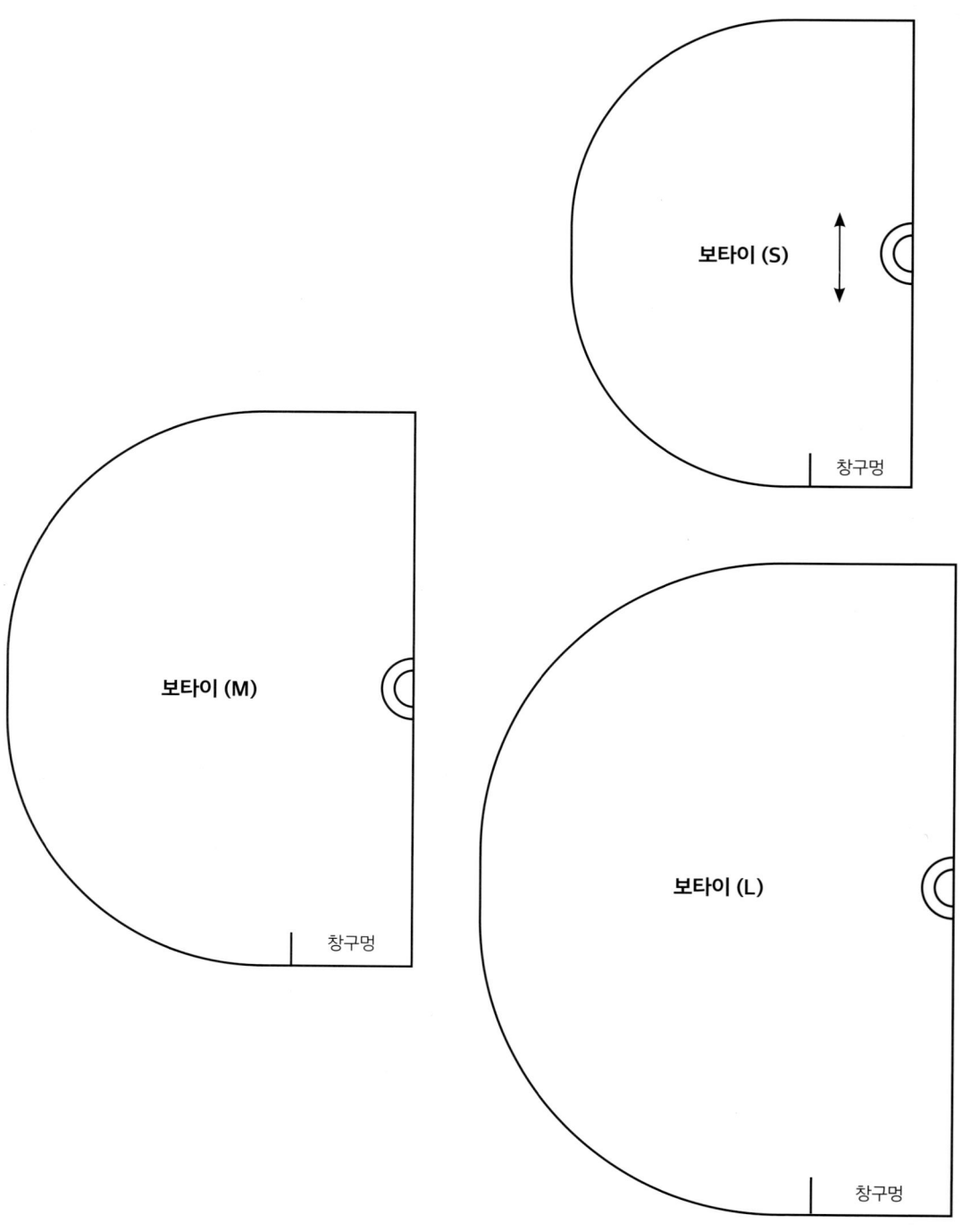

젠틀하게 둥근 보타이
p.55

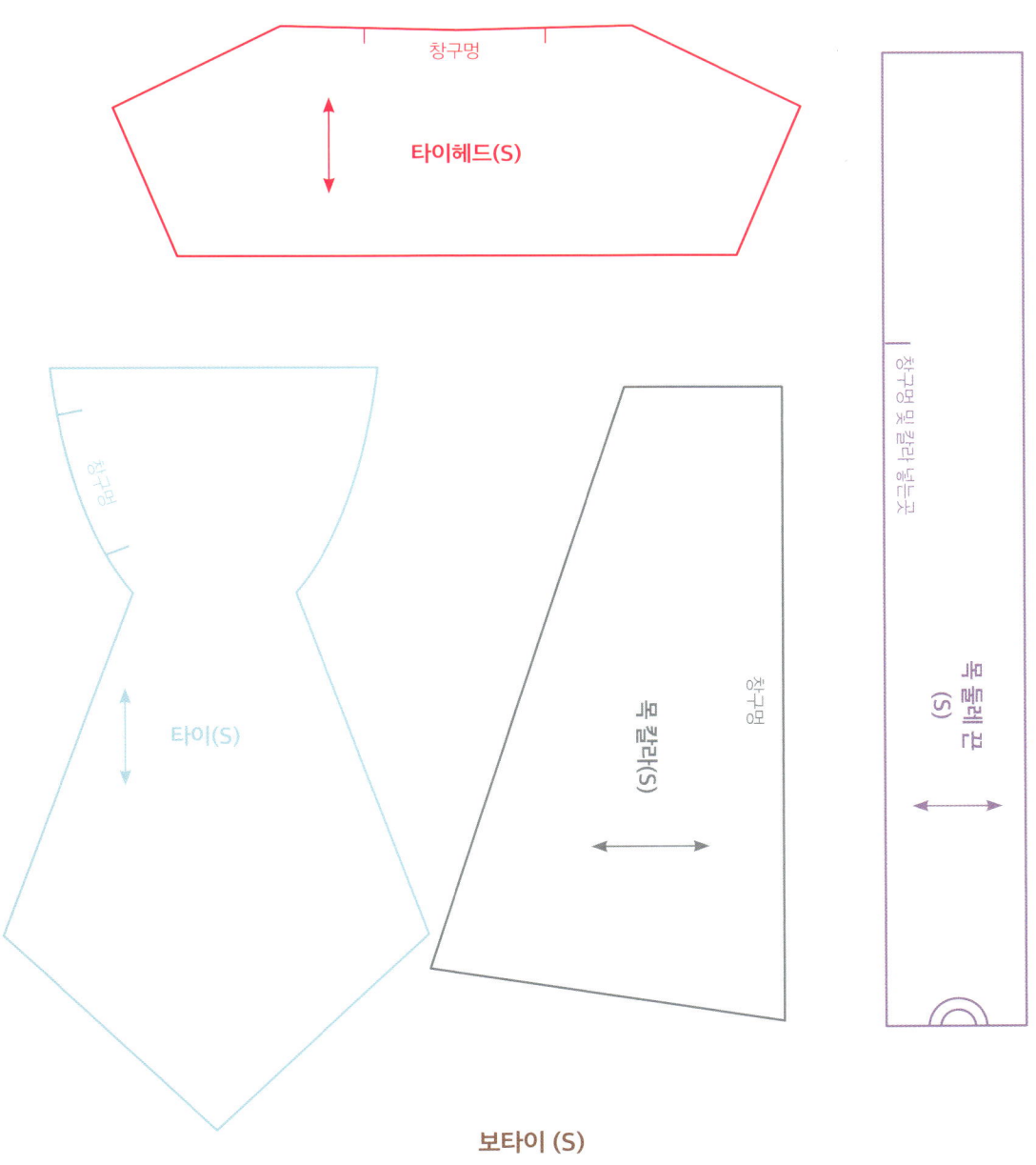

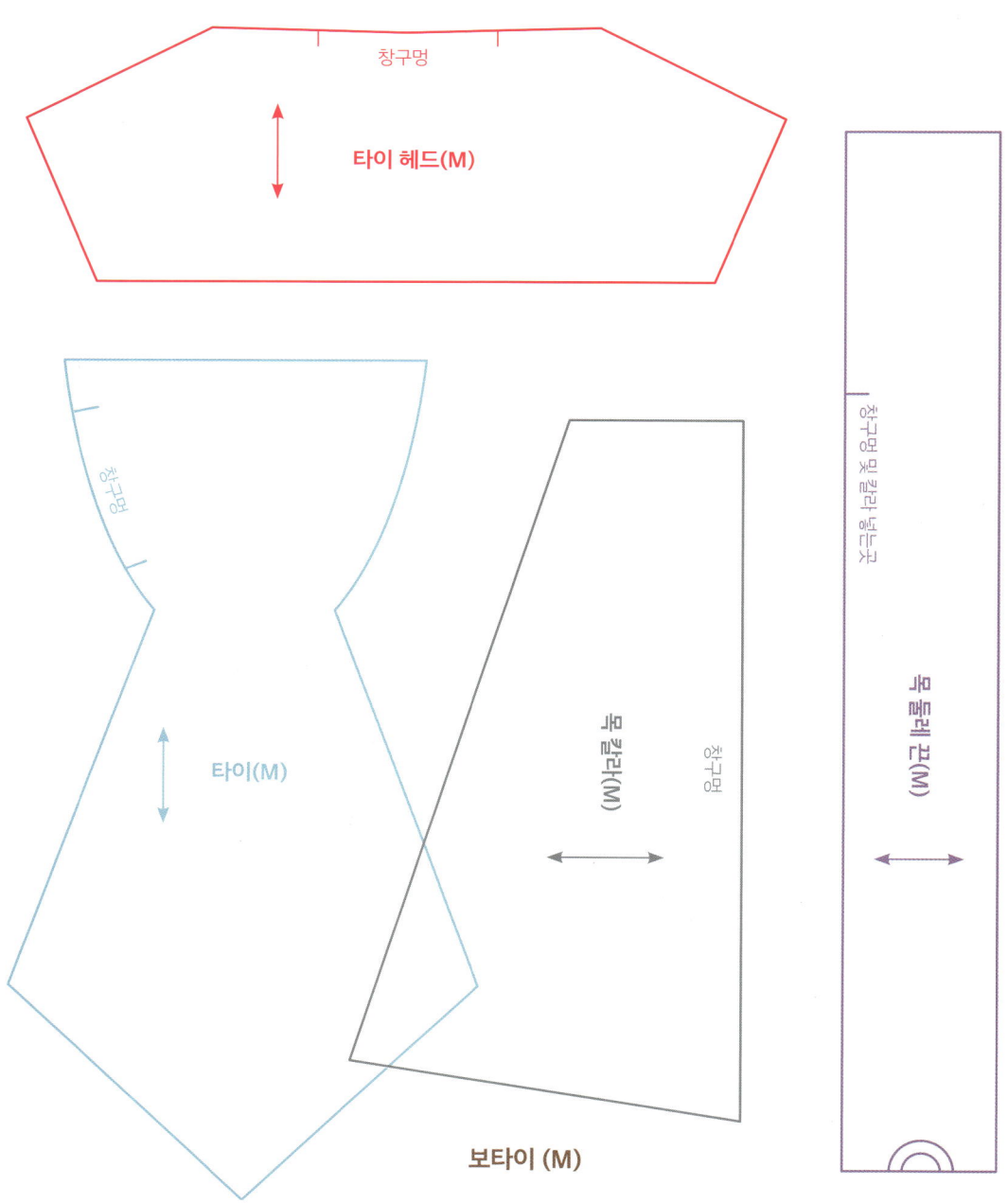

격식 있게 칼라 넥타이
p.65

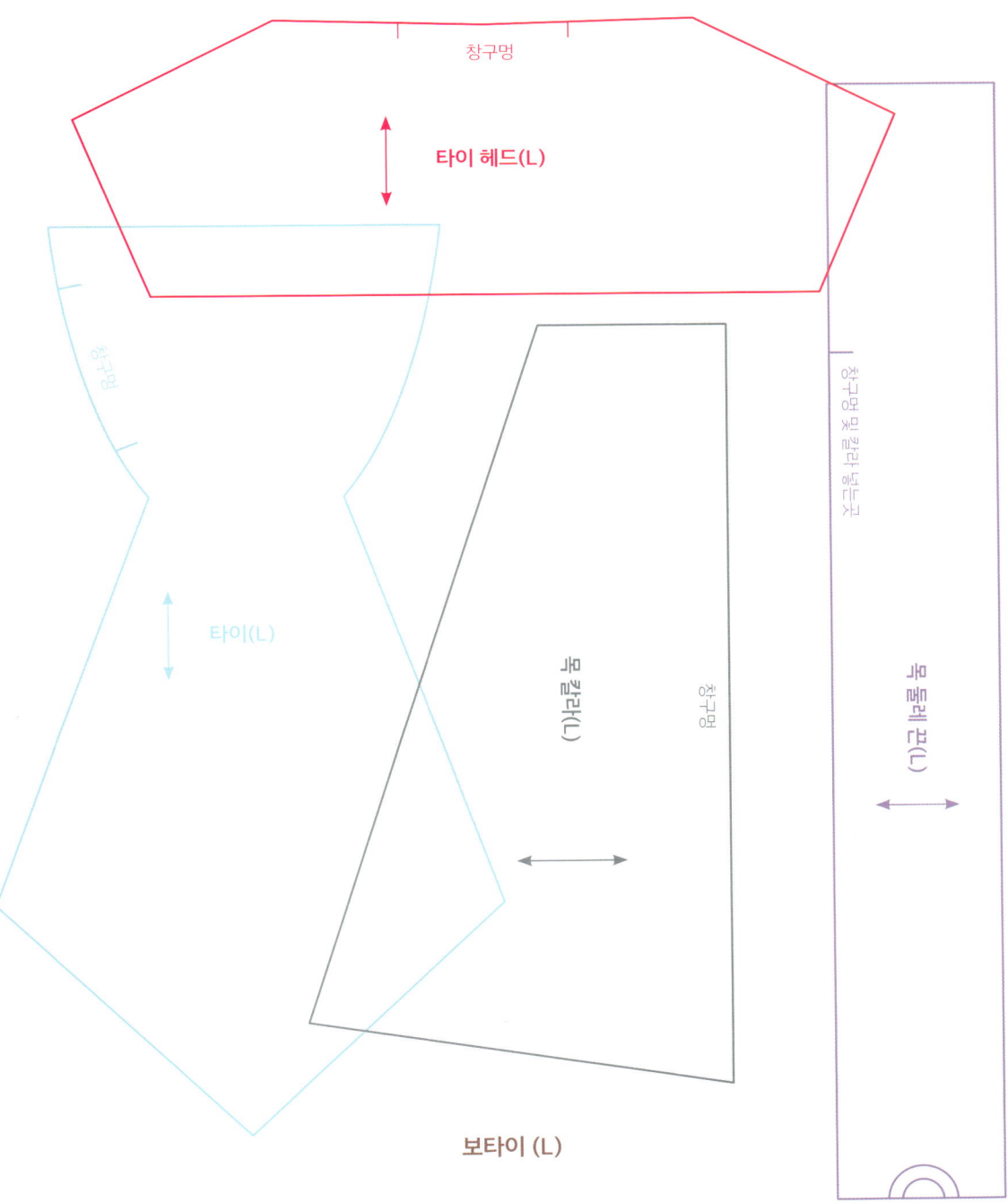

따뜻하게 방울 케이프
p.83

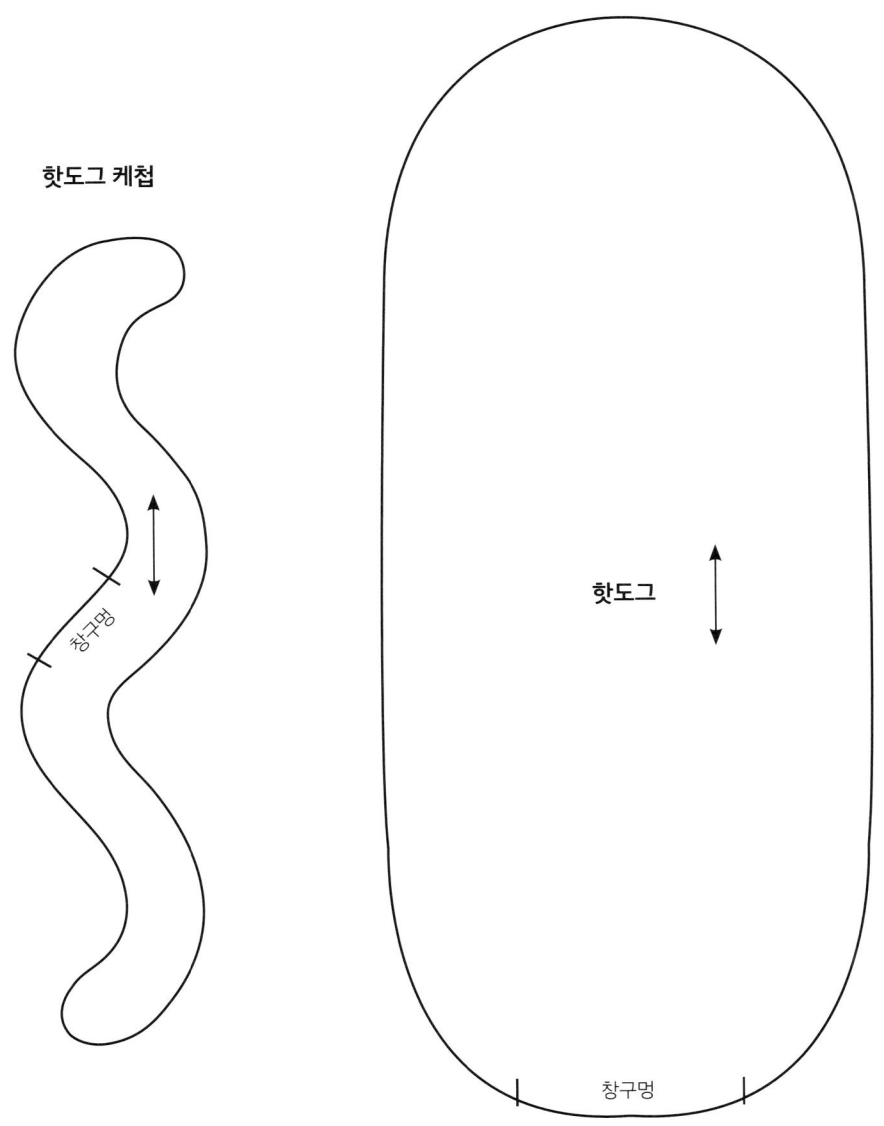

입맛 도는 핫도그
p.95

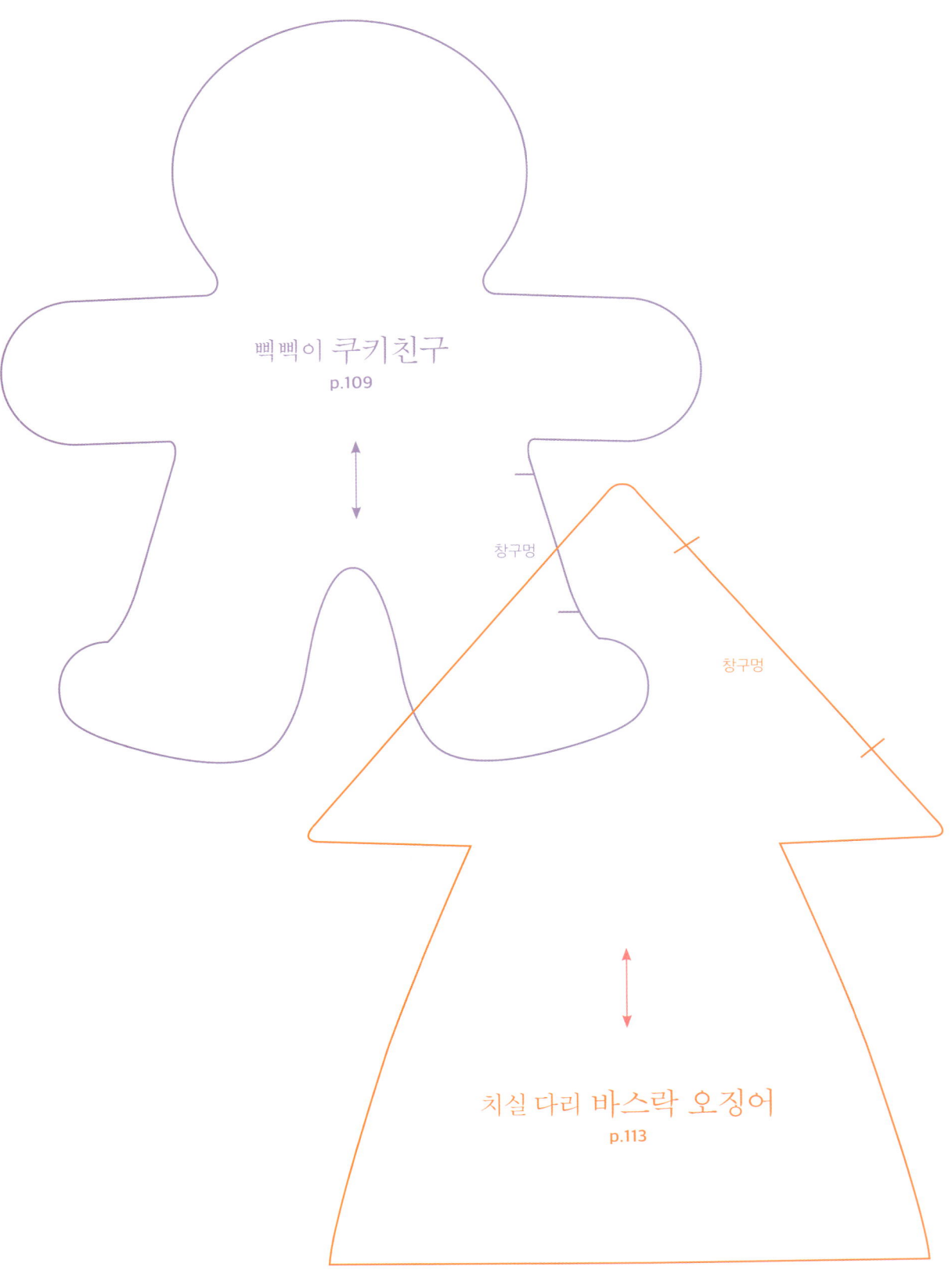

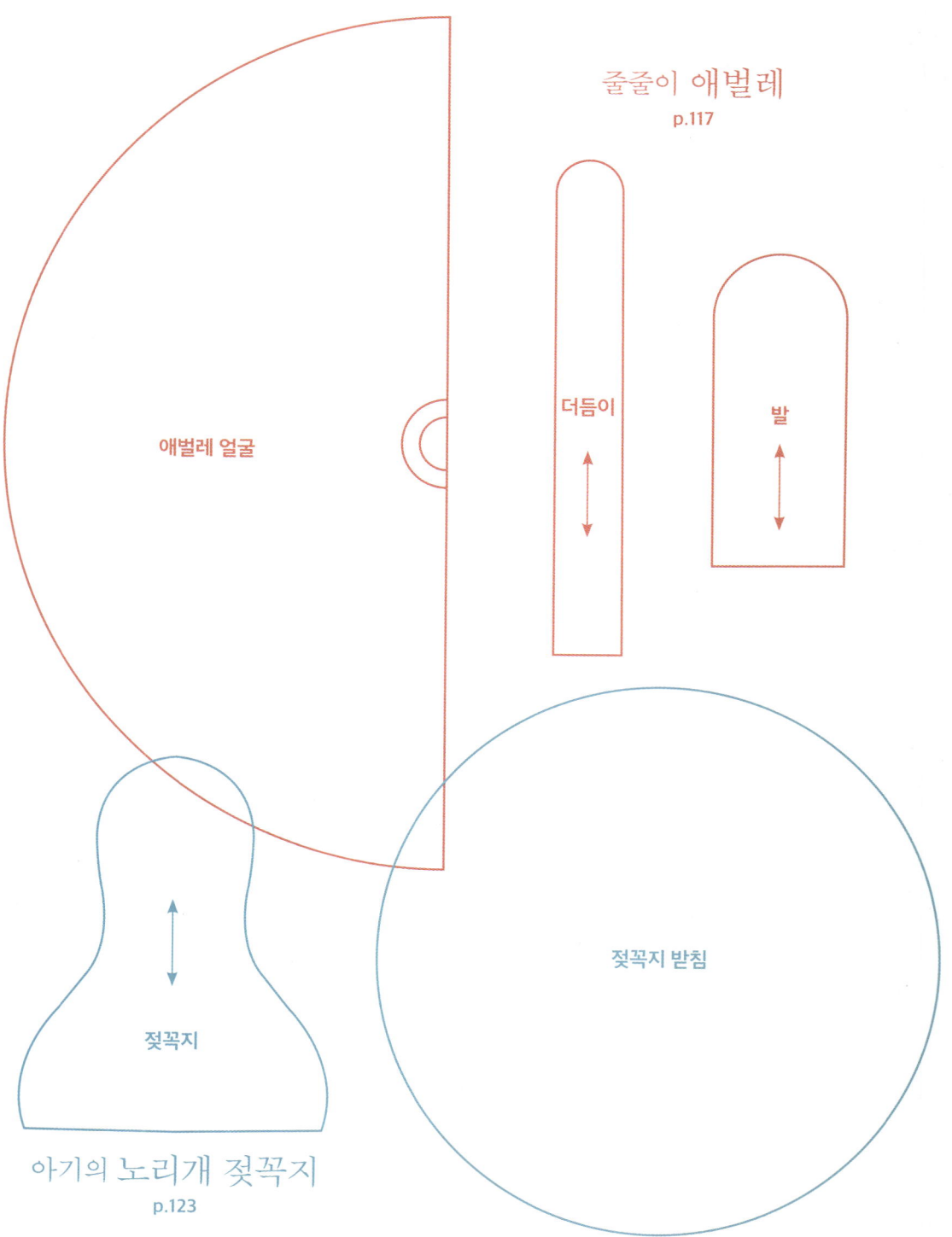

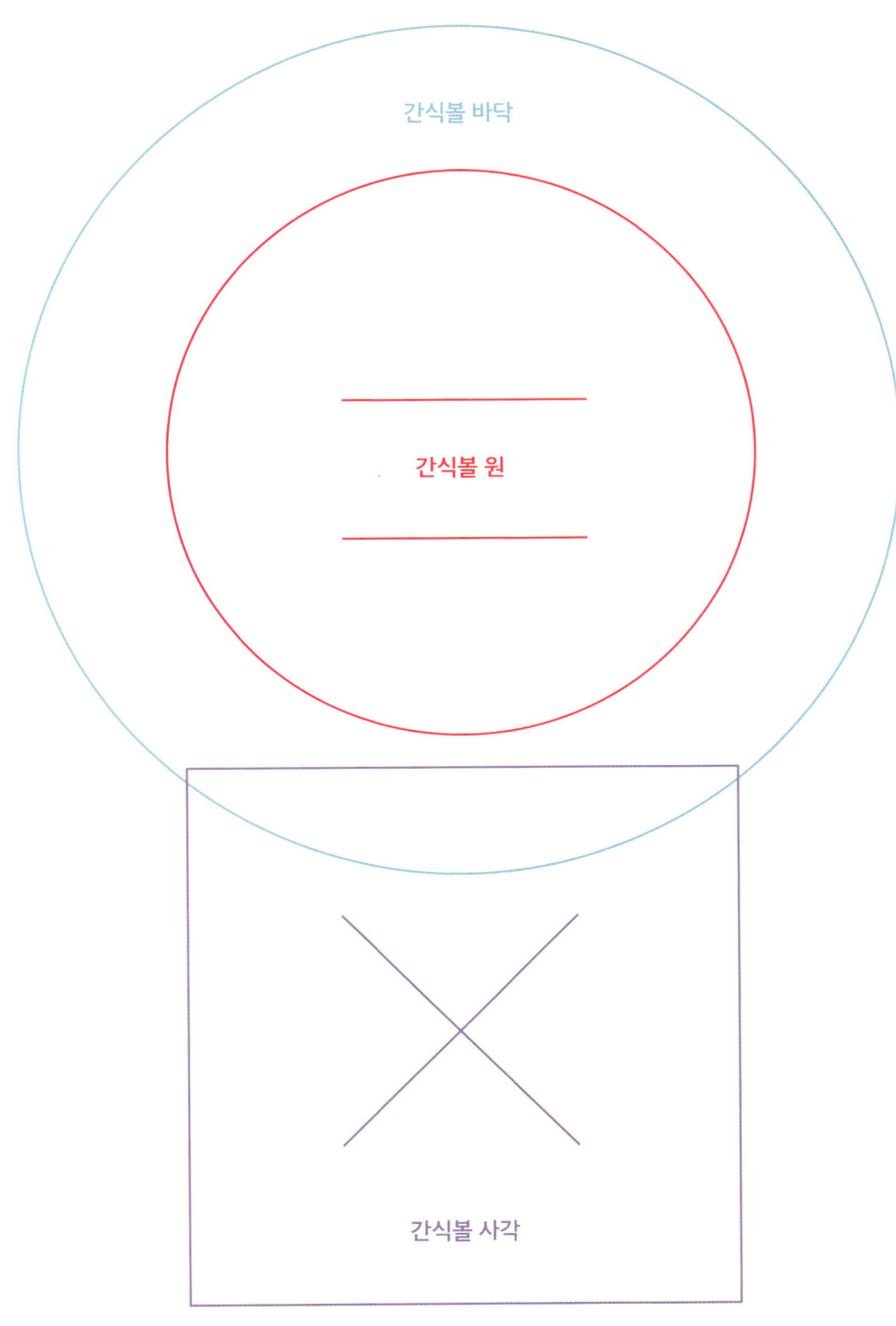

굴려 찾는 간식 공
p.127

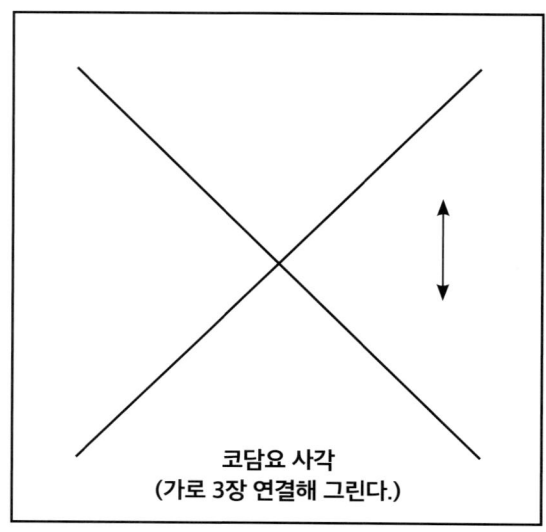

코담요 사각
(가로 3장 연결해 그린다.)

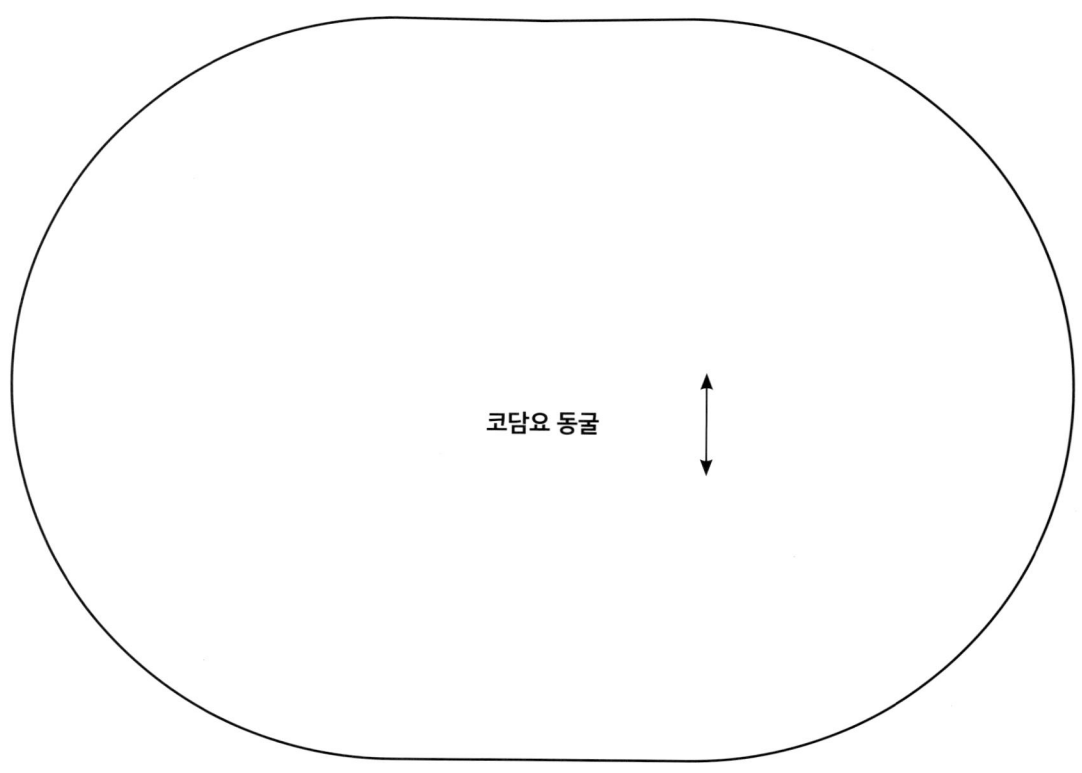

코담요 동굴

노즈워크 코담요
p.133

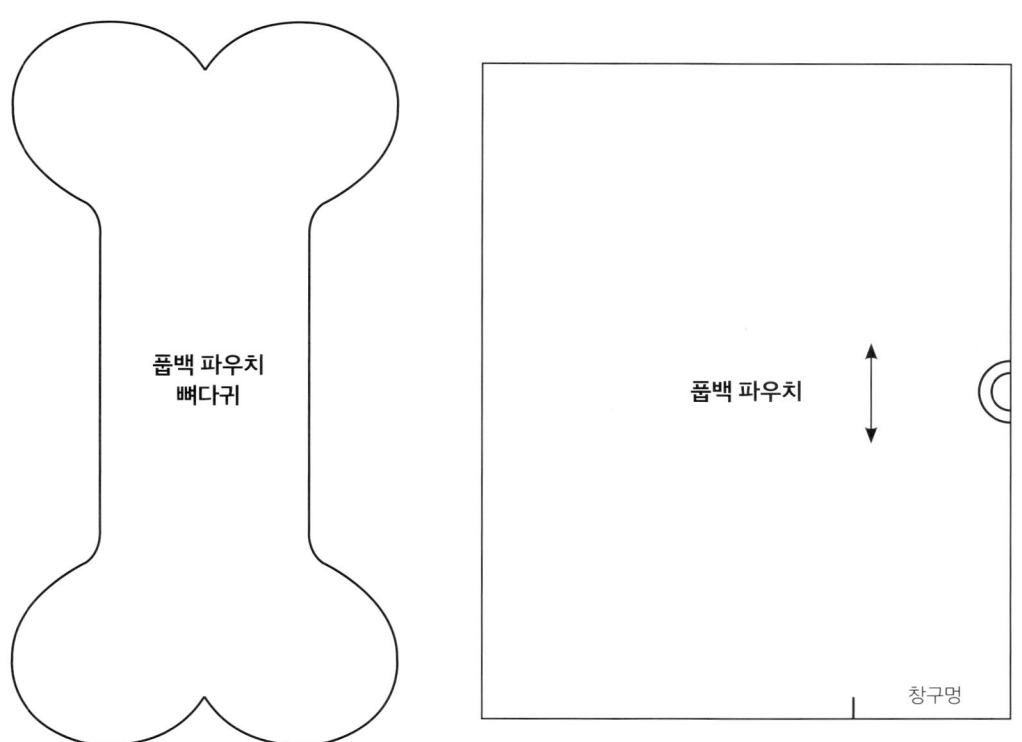

간편하게 미니 푭백
p.141

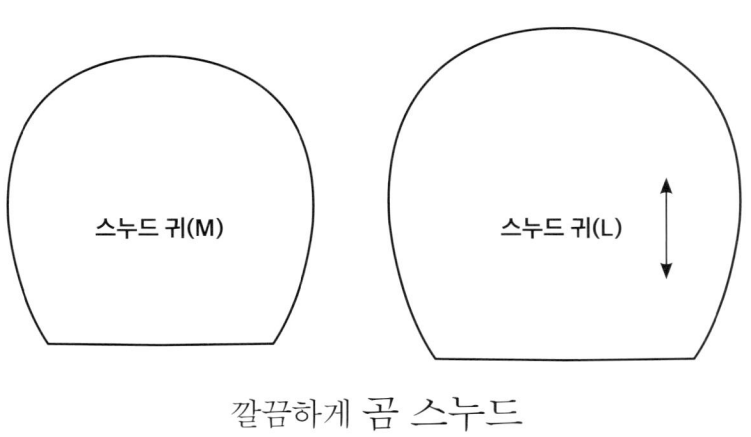

깔끔하게 곰 스누드
p.149

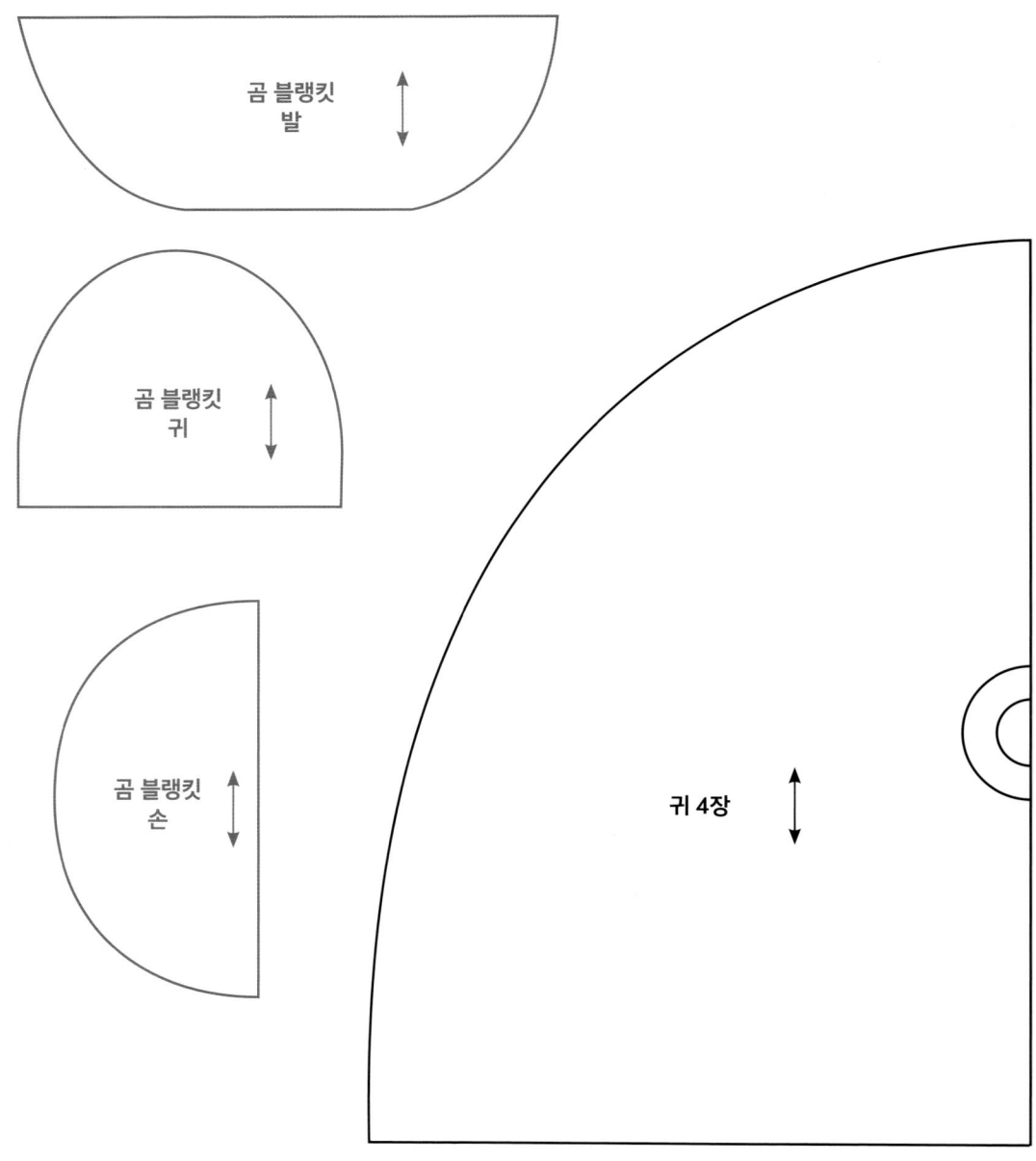

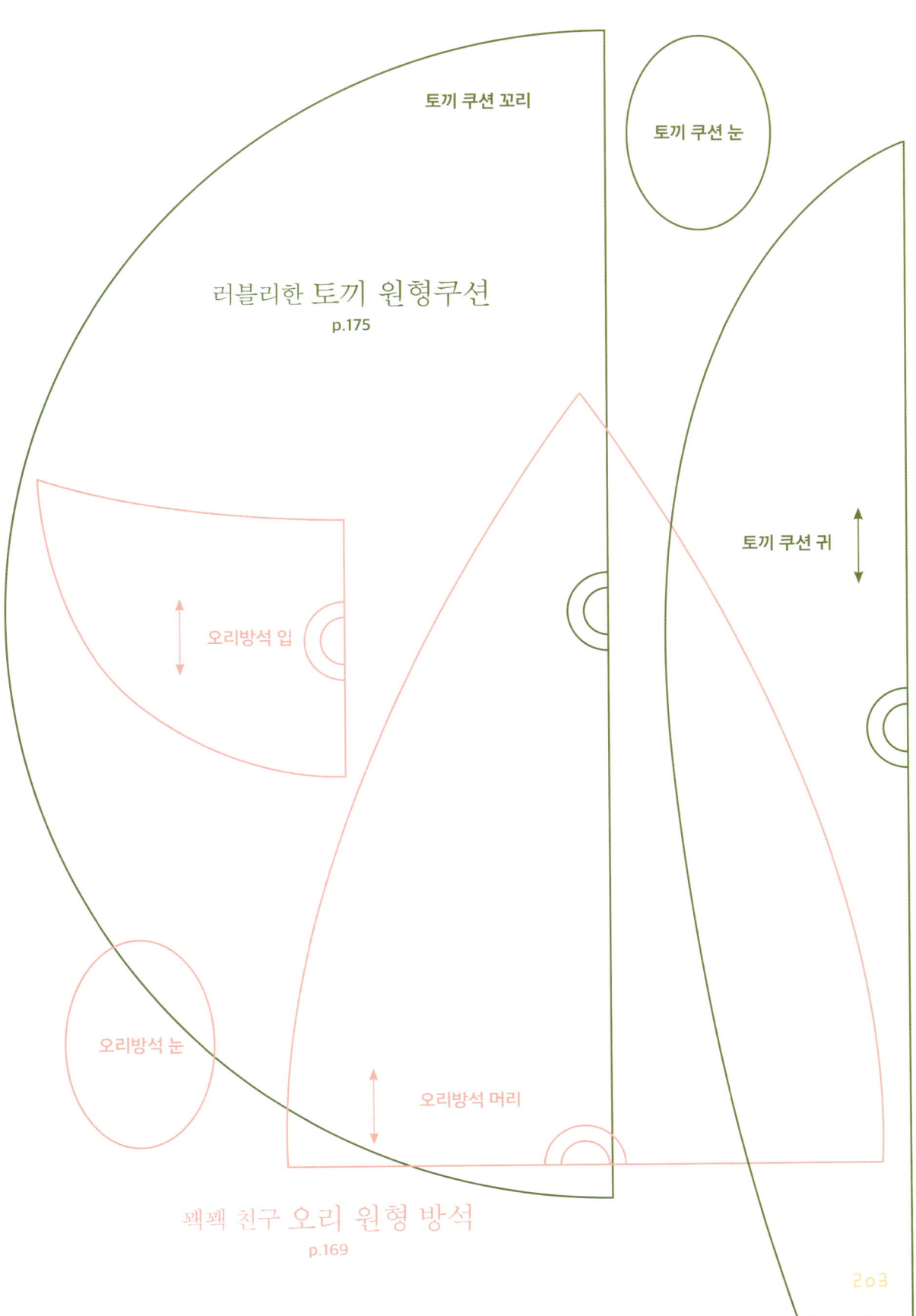

아델의
강아지를 위한
소품 만들기

초판 1쇄 발행 2018년 5월 10일

지은이 정현아
펴낸이 이지은
펴낸곳 팜파스
기획·진행 이진아
편집 정은아
사진 펫더제인
디자인 박진희
마케팅 정우룡
인쇄 케이피알커뮤니케이션

출판등록 2002년 12월 30일 제10-2536호
주소 서울시 마포구 어울마당로5길 18 팜파스빌딩 2층
대표전화 02-335-3681 | **팩스** 02-335-3743
홈페이지 www.pampasbook.com | blog.naver.com/pampasbook
이메일 pampas@pampasbook.com | pampasbook@naver.com

값 16,800원
ISBN 979-11-7026-200-8 13590

ⓒ 2018, 정현아

- 이 책의 일부 내용을 인용하거나 발췌하려면 반드시 저작권자의 동의를 얻어야 합니다.
- 잘못된 책은 바꿔 드립니다.

이 책에 나오는 작품 및 일러스트는 저자의 소중한 작품입니다.
작품에 대한 저작권은 저자에게 있으며 2차 수정·도용·상업적 용도의 사용을 금합니다.

이 도서의 국립중앙도서관 출판예정도서목록(CIP)은 서지정보유통지원시스템 홈페이지
(http://seoji.nl.go.kr)와 국가자료공동목록시스템(http://www.nl.go.kr/kolisnet)에서
이용하실 수 있습니다.(CIP제어번호: CIP2018012126)